DESCENDIENDO HACIA LA GRANDEZA

Bill Hybels

y Rob Wilkins

EDITORIAL Vida

DEDICADOS A LA EXCELENCIA

EDITORIAL VIDA es un ministerio misionero internacional cuyo propósito es proporcionar los recursos para evangelizar con las buenas nuevas de Jesucristo, hacer discípulos y preparar para el ministerio al mayor número de personas en el menor tiempo posible.

ISBN 0-8297-1965-2
Categoría: Inspiración

Este libro fue publicado en inglés con el título
Descending into Greatness por Zondervan Publishing House

© 1993 por Bill Hybels

Traducido por Carmina Pérez

Edición en idioma español
© 1994 EDITORIAL VIDA
Deerfield, Florida 33442-8134

Al doctor Gilbert Bilezikian,
cuya vida ha sido un testamento ininterrumpido
del tema de este libro.

Gracias, Gil . . .
Tú comenzaste a enseñarme estas lecciones
hace veinte años, y hoy día todavía encuentras nuevas formas
para continuar enseñándolas.

Índice

Prefacio

Rob Wilkins es un escritor extraordinario. Aún más, es una persona extraordinaria: un hombre de sensibilidad, de pasión y de pensamiento agudo. Aunque nuestras personalidades son tan diferentes como pueden serlo las de dos seres humanos — en temperamento y en dotes — los dos fuimos cautivados por la importancia del tema de este libro y por la posibilidad de trabajar juntos.

La unión de nuestros dones que se requería para este libro no fue fácil. Yo soy maestro; Rob es periodista. Yo soy un pragmático; Rob es artista. A mí me gusta llegar a donde voy lo más directamente posible; Rob prefiere la ruta pintoresca. Yo quería hacer una presentación enérgica del caso bíblico del "descenso". Rob quería ponerle piel del siglo veinte a las lecciones bíblicas. Decidimos hacer ambas cosas, enseñar y después darle peso a la enseñanza con ilustraciones contemporáneas.

Rob se llevó enormes cargas de mis mensajes, bosquejos y entrevistas grabadas, recluyéndose después durante el tiempo suficiente para lograr que el concepto bíblico de la movilidad descendente entrara en las páginas de este libro. Después se sumergió en la vida de un sinnúmero de personas que están tratando de hacer algo más que leer acerca del descenso hacia la grandeza. Estoy profundamente agradecido a Rob y a su esposa, Melanie, por su enorme inversión en este libro.

Una vez más mi esposa, Lynne, que desempeña un papel primordial prácticamente en cada cosa que escribo, merece las gracias más sinceras por servir como editora final.

Nuestros amigos en Zondervan siguen haciéndonos sentir que nuestras publicaciones son más un ministerio de equipo que simplemente un negocio de libros.

Mi oración, y la oración de cada persona que contribuyó a este libro, es que *Descendiendo hacia la grandeza* llegue a ser, para cada lector, un estilo de vida que conduzca al gozo.

Reconocimientos

Mientras leía las pruebas finales de este libro estaba, una vez más, cautivado por el desafío bíblico de despojarse a sí mismo/ir en descenso/la movilidad descendente. Desde mi conversión al cristianismo a la edad de dieciséis años, he adquirido un gran respeto por el poder de la Palabra de Dios: la espada de dos filos que, una y otra vez, ha cortado las partes enfermas de mi corazón y ha penetrado en mi alma con sanidad.

También me cautivaron los desafíos de la vida real presentados por las personas cuya vida está perfilada en este libro. Sus historias plantean preguntas difíciles de contestar. Por ejemplo:

Si yo enfrentara el choque de valores que enfrenta Lance Murdock cada día, ¿tendría la disciplina y pureza de corazón para permanecer aferrado a la verdad?

Si mi dedicación a Dios me llamara a transportar a mi familia a través de continentes y culturas, ¿estaría dispuesto a hacerlo como lo hizo el doctor Jim Judge?

Si me pidieran servir durante décadas en una tierra polvorienta, regada de gente olvidada, ¿respondería con el corazón de siervo que late en Angie Garber?

Si yo viviera la vida de Mike Singletary, ¿me llamarían, como lo llaman a él, un hombre humilde?

Si fuera llamado a ser "obediente hasta la muerte", ¿dejaría un legado de amor como dejó Lorrie Shaver?

Si la vida me asestara los mismos golpes que recibieron John y Gwenn Tindall, ¿tendría yo el valor que tuvieron ellos para atravesar la angustia paso a paso hasta que encontrara el gozo?

Les agradezco con todo el corazón a las personas que han permitido que sus historias fueran incluidas en este libro y que han permitido que su vida desafiara la mía.

CAPÍTULO 1

EL DESCENSO

La senda hacia la grandeza

La actitud de ustedes debe ser igual a la de Cristo Jesús.

Filipenses 2:5 (NVI)

En el vocabulario del mundo, "descenso" es una palabra reservada para los fracasados, los cobardes y el mercado bajista. Es una palabra que se debe evitar o pasar por alto y, sin duda, no es para que se tome en serio, especialmente en la sociedad formal. Parece ser una palabra sólo para los labios desafortunados de los débiles, de los pobres o de los muertos.

Como si todo eso no fuera suficiente, la palabra tiene este golpe máximo en su contra: es lo contrario de "ascenso". Y esa palabra, en nuestra sociedad de alto voltaje, es una palabra que ha venido a ser tan apreciada que es casi adorada. Es una palabra reservada para los ganadores, los héroes y los que tienen labia. Es la palabra en la cual piensan todos aunque no lo digan, la manera de influir en todos los presentes: aumento prometedor, movilidad ascendente, clase alta. La palabra de los pocos escogidos y los fuertes.

Aunque la década de los ochenta manchó la pureza de la palabra con un persistente resabio de avaricia, ascenso todavía contiene un atractivo fuerte. La palabra exhala un sentido de virilidad y salud, de bienestar. Uno *sube* en contra de la ley de gravedad, de las desventajas, de las multitudes, o de cualquier cosa que se interponga en el camino. Uno *asciende* a la fama, al dinero, al foco de atención, al poder, al bienestar y al placer. Hacia arriba, claramente, es la dirección de la grandeza.

Desde la perspectiva del mundo, esa es la única dirección en que se debe ir. De la misma manera que la aguja del compás señala hacia el norte, la aguja humana señala hacia arriba; es un mecanismo interior en cada corazón que ansía la autopromoción y el ascenso, la elevación del ego. Nuestros héroes y modelos a imitar hacen hincapié en el tema: Asciende y ejercita el músculo de tu propia voluntad. Haz lo que sea necesario para conquistar la ley de gravedad. Ya sea que lo hagas abiertamente o uses el disfraz de la humildad, procura moverte siempre hacia arriba. ¿Por qué? Porque esa es la dirección de la grandeza.

Eso es lo que dice el mundo. En tal contexto, Filipenses 2 debe ser el capítulo más contracultural de la Biblia, sobre todo para los jóvenes profesionales que marcan la pauta. Dicho sencillamente, el mensaje de Filipenses es éste: Si uno quiere ser de veras grande, la dirección en que debe ir es hacia abajo. Uno tiene que descender hacia la grandeza. En el centro de esta paradoja hay aún otra paradoja: La grandeza no se mide según el grado de la autodeterminación, sino más bien según el grado de la entrega de uno mismo. Cuanto más uno pierde, tanto más gana.

A primera vista, se puede entender la reserva del mundo. Descender hacia la grandeza parece absurdo, una contradicción típica. En realidad, Filipenses establece claramente que descender es exactamente como el cuadro que pinta el mundo: degradación, anonimato, servidumbre, disminución, reducción, pérdida y muerte. Aun las mejores agencias publicitarias tendrían dificultades apremiantes para encontrar una musiquilla que hiciera atractivo el mensaje. *Piérdelo todo. Imagina las posibilidades.*

El mundo no está solo en su indisposición de aceptar la idea de descender. A través de la historia, son pocos los cristianos que han entendido realmente el concepto de ir en descenso/la movilidad descendente. Muchos de los cristianos de hoy día confunden su fe con una lista de deseos para la complacencia de sí mismos en lugar de una renunciación a los deseos egoístas. ¿Cuántos cristianos conoce usted que recientemente han menguado o disminuido o han dado con sacrificio para que la causa de Cristo pueda avanzar? Hagamos la pregunta de manera aun más específica: ¿Y qué de usted? ¿Cree de veras que perder su vida es la manera de ganarla?

Por muy difícil que sea poner en práctica ese concepto, Filipenses dice claramente que descender es la *única* manera de llegar a ser grande a los ojos de Dios. La movilidad descendente no es simplemente la mejor en una lista de sendas opcionales que el cristiano puede tomar para agradar a Dios. Es la única senda.

Descendiendo con un giro

Aunque la idea de descender hacia la grandeza parece a primera vista inherentemente ilógica, la profundidad y la belleza de su sabiduría se revelan cuando la examinamos más de cerca.

La primera razón — y sin duda la más grande — para creer en el poder de la movilidad descendente es el ejemplo de Cristo. Filipenses 2 nos dice que Jesús se humilló para amar. Hizo lo imposible para ocuparse de las necesidades de los demás. Tal descenso parece una manera ilógica del Hijo de Dios para tratar de hacer un impacto en el mundo. Sin embargo, hasta al incrédulo más desafiante le resulta muy difícil negar el impacto de Cristo; no es cualquier hombre el que aparece en la historia y divide el tiempo en dos. Desde el punto de vista del mundo, se pueden debatir muchas cosas acerca de Cristo: su cordura, su honradez, su motivación. Pero no hay ninguna duda de que Él dejó en la historia la huella de un gran hombre.

Pero la senda de Cristo hacia la grandeza no era una senda típica. La Biblia dice claramente que Él "descendió" al mundo . . . y descendió desde la mismísima cumbre. Filipenses 2 declara que Cristo era "igual a Dios". Él era el máximo objeto de alabanza del universo que había creado. Dada su alta posición, la violencia de la encarnación y la profundidad del descenso de Jesús adquiere dimensiones asombrosas. Aquel que era digno de toda adoración y era la fuente de todo poder nació como un niño indefenso en un sucio establo de animales.

Una vez que comenzó su vida en la tierra, Jesús nunca dejó de descender. Siendo el Omnipotente, lloró; siendo el dueño de todas las cosas, no tuvo hogar. Siendo el Rey de reyes, vino a ser un siervo; siendo el origen de la verdad, fue declarado culpable de blasfemia; siendo el Creador, fue escupido por las criaturas; siendo el dador de la vida, fue crucificado desnudo en una cruz, sangrando, jadeando sin aire. Con su muerte, el descenso fue completo: desde el pináculo de la alabanza en el universo hasta la máxima degradación y tortura de la muerte en una cruz, fue la víctima inocente de la maldad humana.

Con su vida y muerte como hombre, Cristo violó todos los principios del sistema mundanal. El más alto vino a servir a los más bajos. El Creador y Sustentador de todas las cosas vino para derramarse a sí mismo. Aquel que poseía todas las cosas se convirtió en nada. Según la perspectiva del mundo, la cruz vino a ser el símbolo de la necedad. Sin embargo, a los ojos de Dios, Cristo llegó a ser el más grande de los grandes. Había cumplido totalmente el propósito para el cual Dios lo había enviado; había agradado al Padre y llevado adelante el reino de Dios en la tierra. Y Filipenses declara que por causa de la movilidad descendente de Cristo, Dios lo exaltó hasta lo sumo y le dio un nombre sobre todo nombre. Ese es el giro. Jesucristo descendió hacia la grandeza de Dios.

Amor demostrado

Se requirió mucho de Jesucristo. Dios le pidió que renunciara a todo, que descendiera hasta la humillación, el dolor y, finalmente, hasta la muerte en una cruz. Sería fácil pensar, si permitimos que nuestra mente se vuelva descuidada, que Dios no era un padre muy amoroso. ¿Cómo pudiera un padre pedir a su único hijo que soportara torturas, golpes y sufrimientos insondables? ¿Cómo puede el amor manifestarse de una manera tan aparentemente brutal? La respuesta debe ser que de tal manera amó Dios al mundo. Jesucristo sufrió por causa de la justicia, *como* Dios y *para* Dios. Fue la más alta demostración posible del amor de Dios.

Hebreos 12:2 es uno de los versículos más asombrosos y provocativos de la Biblia: "Fijemos la mirada en Jesús, el autor y perfeccionador de nuestra fe, quien por el gozo que le esperaba, soportó la cruz, menospreciando la vergüenza que representaba, y se sentó a la derecha del trono de Dios" (NVI). Jesús soportó por el gozo de cumplir el propósito de Dios, a saber, para mostrar su amor y aceptar el castigo del pecado de usted y el mío. Vino a sangrar por cada uno de nosotros.

Hubo otra razón para la movilidad descendente de Cristo: modelar para sus seguidores lo que significaba mostrar el amor de Dios. El pasaje en Filipenses que describe el descenso de Cristo comienza con estas palabras: "Haya, pues, en vosotros este sentir que hubo también en Cristo Jesús" (Filipenses 2:5). En otras palabras: "Lean cuidadosamente las palabras siguientes; son para ustedes también." Así como Cristo descendió por sí mismo y se dio a sí mismo por el beneficio de otros, se espera de nosotros que hagamos lo mismo, hasta el punto del sufrimiento y la muerte, si fuera necesario.

No se trata de que Dios no quiere ver a sus hijos en lugares de honor y gloria. En realidad, Él desea exaltarlos. Lo que le preocupa es la movilidad ascendente según la define el mundo: promovernos a nosotros mismos, hacer avanzar nuestra propia causa, imponer nuestra propia agenda a expensas de otros. La meta final es llegar a la cumbre con suficiente dinero, poder y posesiones materiales para alimentar el principal objetivo de uno: la complacencia de sí mismo. Esa es la razón por la cual Dios tiene dificultad con el concepto de la grandeza según el mundo. Él sabe que la complacencia de sí mismo, por su misma naturaleza, conduce siempre a la destrucción de sí mismo. Lo que parece ser una ascensión a la cima y a un profundo sentido de suficiencia, resulta ser en realidad la excavación de nuestra propia tumba. Arriba, en el diccionario de Dios, siempre conduce hacia abajo.

Y abajo conduce hacia arriba. Santiago 4:10 dice: "Humillaos delante del Señor, y él os exaltará." Jesucristo descendió, disminuyó y menguó para poder mostrar perfectamente el amor de Dios. Se convirtió a sí mismo en nada para cumplir el propósito de su Padre. Y Dios, a su vez, lo exaltó a lo sumo.

Descendiendo hacia la grandeza

Abajo es una palabra para perdedores. Eso es lo que dice Filipenses 2. Dios llama a los cristianos a cultivar la disciplina de perder. *Si quieres seguirme, dice Dios, sigue el ejemplo de mi Hijo, quien perdió no un poco, ni siquiera mucho, sino que lo perdió todo.*

Tal llamado no describe un cuadro de hombres y mujeres exhaustos y vacíos, desprovistos de personalidad y energía. El llamado de Dios a perder por su causa no significa que nos neguemos a satisfacer las necesidades legítimas de nuestro cuerpo humano o los deseos y pasiones que Él ha colocado dentro de nosotros. Jesús cuidó de sí mismo física y emocionalmente y desafió a sus seguidores a aceptar su singularidad y perseguir los sueños que Dios les había dado. Pero lo que perder sí significa es permitir que Dios determine cuáles necesidades son legítimas. Perder significa rendir nuestros deseos y pasiones a su guía; invitarlo a quitar las características ásperas de nuestra personalidad; usar nuestros dones sin buscar aplauso; y permitirle a Él conformar nuestros sueños a su voluntad.

Tal pérdida no es fácil. Requiere una concentración singular en Jesucristo, una pasión y un amor inquebrantables por Dios y el avance de su reino, y el desarrollo y ejercicio constante de las disciplinas espirituales. Los pusilánimes no necesitan molestarse en intentarlo.

Sin embargo, Dios nos pide que perdamos para que podamos ganar. Nos hace una petición difícil, y después nos ofrece una promesa. *Pierde tu ambición egoísta; yo te honraré por amar a otros. Pierde tu adicción a las cosas; yo proveeré para ti si me buscas de todo corazón. Pierde tu obsesión de estar en control; yo te daré poder mientras me sigas. Pierde tu apetito por las sensaciones fuertes; yo te sorprenderé con placeres que nunca hubieras podido encontrar por ti mismo. Pierde tu vida; yo te daré la eternidad.*

Es una senda al parecer brutal la que a menudo toma el amor: una vida de pérdida, de autodegradación, aun de muerte. Pero la Biblia es obstinadamente insistente acerca de esto: es, a la vez, la senda que conduce al gozo.

Si usted es como yo, encontrará que *Descendiendo hacia la grandeza* no es, entre los libros que usted tiene en su estante, el más fácil o más placentero de leer. No puedo pensar de otro estudio de la Biblia que me haya perturbado e inquietado más. El gozo viene, sí, pero a menudo no sin algo de dolor primero. Filipenses 2 tiene un contenido difícil.

Sin embargo, los que de veras deseamos ser seguidores devotos de Jesucristo debemos aprender las lecciones de Filipenses 2. Muy pocos pasajes comunican más claramente quién es Jesús, y por lo tanto, lo que se nos llama a ser nosotros. Es a través de la sumisión al desafío de este pasaje que podemos aprender la disciplina diaria de descender hacia la grandeza de Dios, que es el llamado más alto de la vida.

CAPÍTULO 2

EL PODER

Comparación entre dos reyes

*Quien, siendo por naturaleza Dios, no consideró el ser igual
a Dios como algo a que aferrarse.*

Filipenses 2:6 (NVI)

Poder.
La palabra por sí sola tiene una aspereza. No estamos seguros
de cómo reaccionar ante ella: desear o encogernos.

Pero sabemos lo que la palabra significa. Sabemos lo que es
estar en cualquiera de sus dos lados: consumidos en su energía,
arrasados por su furia ciega. El poder, definido simplemente, es
la capacidad de controlar los recursos para asegurar nuestro
propio destino. Los reyes y los esclavos, las guerras y los tratados,
las colonias y las naciones, los golpes de estado y las elecciones,
todos comparten el común denominador de poder. A través de
los siglos, desde el tiempo de la caída, ha sido por sí solo el mayor
catalizador de la historia. Adler lo describe como la mayor obsesión humana. Kissinger se refiere a él como un afrodisíaco. El
apóstol Pablo lo vincula muchas veces con algo que él llamaba
pecado.

Se ha escrito mucho acerca del poder. Su mensaje está por
dondequiera: en libros de historia, en textos de psicología, en
credos religiosos, en las paredes de edificios públicos, en manua-
les de física, en partidas de matrimonio, en periódicos. Pero del
número interminable de páginas escritas acerca del poder, ninguna me parece más impresionante, sorprendente o desconcertante
que el segundo capítulo del libro de Mateo.

Es en esencia la historia de dos reyes. Uno se llama Herodes. El otro es Jesucristo. En toda la historia, quizás, nunca hubo dos hombres más opuestos. Su derecho legítimo al reinado era prácticamente lo único que compartían. El contraste, sin embargo, es más impresionante cuando se trata de cómo administraron el poder.

Obsesionado con ascender

La historia comienza en el borde de lo irracional. Herodes el Grande, el rey de Judea, una persona no conocida por su humildad, estaba muy preocupado al escuchar el rumor de que había nacido un bebé de quien algunos decían que crecería para ser el rey de los judíos. Si había una cosa que Herodes aborrecía era rivales en potencia, aun cuando el rival fuera un bebé indefenso en un establo. Y él haría cualquier cosa para derrotar a un rival, cualquier cosa para evitar perder su dominio del poder. En primer lugar, Herodes usó el engaño, una técnica favorita, para tratar de descubrir la ubicación del rey profetizado. Cuando eso no funcionó, ordenó la ejecución de todos los niños menores de dos años en Belén y sus alrededores. Con una orden de Herodes murieron muchos niños inocentes.

Tan atroz como fue ese acto, no llegó como una sorpresa. El rey Herodes tenía antecedentes. Era más que un demente; era un adicto al poder y enloquecido por éste. Cuando uno le sacude el polvo a un libro de historia y descifra los misterios de la situación política de Palestina en ese tiempo, Herodes emerge más grande que la vida y la muerte. Nacido en el 73 a.C. en una familia con buenas conexiones políticas, Herodes estaba destinado para una vida de implacable mantenimiento del poder. Las conversaciones durante su cena se concentraban en cómo minar a un opositor político y en cómo defenderse de la traición y la alevosía. El poder era lo único que importaba. Herodes, a un nivel superficial, parecía hecho para eso. En estatura, era alto e imponente; en personalidad, competitivo y cruel.

Para Herodes, el poder significaba movimiento. Y la dirección siempre era hacia *arriba*. En realidad, esa palabra pudiera fácilmente servir como un titular o una inscripción en una lápida sepulcral en cuanto a lo que era Herodes. Rara vez la historia ha documentado tan claramente la vida de alguien tan obsesionado con ascender.

Para empeorar las cosas, su obsesión con el poder estaba teñida con una pasión por la venganza. Su padre, rey también, fue envenenado por un opositor político. Algo se desató dentro de Herodes cuando vio de primera mano cuán vulnerables podían ser los dirigentes políticos. Fue un momento decisivo en su vida. Hirviendo con el deseo de venganza, Herodes formuló un plan ingenioso: invitó a los asesinos de su padre a un banquete. Sus porteros eran asesinos a sueldo. Herodes, según los libros de historia, durmió bien esa noche. Nunca fue particularmente vulnerable al remordimiento.

Desde ese momento en adelante, Herodes tomó una decisión bien calculada de nunca exponerse a la posibilidad de que un ingrediente secreto fuera a parar en la sopa de él. Toda su vida se concentraba en tratar de cubrir todas las bases de su poder y no le importaba usar la fuerza bruta para lograrlo. Frecuentemente vociferaba órdenes que resultaban en arrestos, palizas, extorsiones, chantajes, secuestros, torturas y ejecuciones. En realidad, la intensidad de su violencia creció en proporción directa con la cantidad de poder que poseía.

Pero la fuerza bruta fue sólo una de sus tácticas; sus estrategias eran multifacéticas. Si la necesidad requería una tentativa más diplomática, era lo bastante calculador como para presentar una imagen más suave y bondadosa. Conocía y practicaba el arte de persuadir y empleaba los secretos del congraciarse con los demás. Ingenió un sistema de distribución de alimentos y ropas durante un tiempo de hambre; identificó y financió proyectos de construcción para estimular a ciertos grupos que lo presionaban (incluso la renovación del templo de los judíos en el centro de Jerusalén). En realidad, Herodes tenía muy poco interés en los pobres o en otros grupos. Sin embargo, era lo bastante inteligente como para saber que se podía comprar la lealtad. Se servía a sí mismo cuando servía a otros.

La idea era causar impresión. Concertaba las relaciones para que fueran conductoras de poder. Herodes construyó una ciudad y un puerto en la costa del Mediterráneo con la técnica más avanzada de su época. Fue, quizás, uno de sus más exitosos intentos de autopromoción. Aumentó el comercio en su dominio y ganó el favor de su jefe dándole su nombre a la ciudad: Cesarea. Herodes sabía que obtener poder significaba acercarse a la fuente. Y hablando de adulación, varios de los diez matrimonios de Herodes fueron por motivos políticos. Era muy poco lo que él no hubiera hecho en su búsqueda del poder para ascender.

La única cosa más fuerte que su adicción a ascender, era su terror a moverse en la dirección opuesta. Para Herodes, *abajo* era la palabrota máxima. A pesar de sus vastos recursos, Herodes sufría de la enfermedad que es común a muchas personas obsesionadas con el poder: lo atormentaban la inseguridad y el temor. Convirtió la paranoia en un arte, la enfermedad mental en una institución. Dedicó una enorme energía a protegerse a sí mismo de la posibilidad de su caída. Con una complicada red de espías, muy poco se escapaba de su atención y nunca vaciló en responder a las amenazas con violencia. Cuando llegó al poder como gobernador de la región, varias bandas de agitadores causaban estragos en los montes de Galilea. Sin ni siquiera inmutarse, Herodes capturó al dirigente de la banda más célebre de merodeadores y lo torturó — lentamente — y lo ejecutó en la plaza del pueblo. El plan dio resultado. Los rebeldes no volvieron a verse nunca más durante el reinado de Herodes.

Como una defensa extra, Herodes comisionó decenas de miles de esclavos para edificar una docena o más de fortalezas de emergencia, todas fuertemente armadas y bien provistas, en caso de un intento de golpe. Esos "escondites" eran, en algunos casos, montañas enteras remodeladas como suntuosas fortalezas, acabadas con piscinas, acueductos, habitaciones para huéspedes, comedores e instalaciones recreativas. También ordenó la ejecución de cualquier posible candidato a su cargo, incluso dos de sus esposas y tres de sus hijos. La ejecución de uno de sus hijos la ordenó desde su lecho de muerte.

Herodes vivió, por lo menos, una vida consecuente. Mantuvo un filosofía simple — *yo primero* — hasta su lógica y completa conclusión. En su mayor parte, funcionó bastante bien. Herodes gobernó por más de treinta años.

Hasta el tiempo de Jesucristo.

Impacto repentino

Decir de Herodes y Jesús, los dos reyes de Mateo 2, que "sus caminos se cruzaron" es subestimar la fuerza del texto. De acuerdo con una ley fundamental de física, la fuerza del impacto depende de la velocidad y la dirección. Tanto Jesús como Herodes se desplazaban rápidamente desde direcciones totalmente opuestas. El rey Herodes representaba la pura perspectiva mundanal del poder. Obtenerlo, acapararlo y usarlo. Jesucristo, quien era igual con Dios mismo, trajo un enfoque nuevo y por lo visto contrario a la administración del poder, y lo dijo en términos simples: Usa el poder para el beneficio de los demás. Para los que no entendieron el mensaje verbal, Él describió un cuadro: el Todopoderoso Hijo de Dios clavado en una cruz. Eso, dijo Él, es poder verdadero, la clase de poder que produce la materia prima de la eternidad.

No es de admirarse que los dos reyes chocaran. Ambos poseían un poder inmenso, pero la manera en que decidieron usarlo reveló el corazón de dos hombres radicalmente diferentes. Uno estaba empeñado en la promoción, el otro doblegado en devoción. Uno era tirano, el otro siervo. Uno estaba consumido por el interés en sí mismo, el otro se concentraba en Dios y en cualquier otro antes que en sí mismo. Uno manipulaba, calumniaba, engañaba y coaccionaba; el otro sanaba, tocaba, enseñaba y amaba. En lo que se refiere a la administración del poder, había una sola cosa que Herodes y Jesús tenían en común: Ambos creían que no existía nada que no pudiera curar el derramamiento de sangre.

Tan pronto como Herodes oyó la noticia del nacimiento de Jesús, quiso matarlo. Hizo entrar en acción todos sus recursos para ejecutar la tarea. Al principio, parecía una batalla totalmente desproporcionada. Nadie se atrevía con el rey Herodes. Mejor dicho: nadie que se atrevía con él quedaba con vida. Rara vez en la historia fue una batalla entre reyes tan lastimosamente dispareja. Herodes el intimidador, con poder, recursos y ejércitos; Jesús, mamando en el pecho de su madre.

La orden de muerte salió de Herodes, tan fría y penetrante como las espadas que pronto atacarían. Cuando leemos de la masacre en Mateo 2 es muy fácil perder de vista el horror de la realidad. Pero imaginemos a los soldados montados a caballo, echando abajo las puertas de las casas de Belén y atravesando con sus espadas a los bebés varoncitos, justo delante de sus padres. ¿Puede usted imaginar el sentimiento de terror, furia e impotencia que se extendía a través del país?

¿Quién, yo?
Herodes el Grande quizá fue la máxima contradicción de la historia. Siendo rico en lo que el mundo considera valioso, era un fracaso total como ser humano. Era adicto al poder — la más grande sensación de la tierra — y creía que mientras lo conservara firmemente, era invencible. En su propia opinión, él era enaltecido como un dios, intocable y eterno. Nada malo podía sucederle que él no pudiera resolver con un poco de engaño o un escamoteo mortal.

"Gracias a Dios — casi puedo escucharlo decir a usted — que nosotros no somos como Herodes." Indudablemente su excusa ante la raza humana fue locura. Él no podía pensar racionalmente, como usted y como yo. Nosotros usamos nuestro poder, lo poco que tenemos, mayormente para el bien. Tratamos de no levantar nunca una mano airada contra un niño; pagamos nuestros impuestos y ponemos un poquito de dinero en una o dos instituciones benéficas; vamos a la iglesia, y, de cuando en cuando, jugamos una partida de bingo con algún anciano. Buena gente. No somos ni Herodes ni Hitler ni ningún otro maniático que se nos ocurra nombrar.

Nuestro poder más grande resulta ser que somos lo bastante engañosos como para creer nuestras propias mentiras. Pero si somos sinceros y hacemos un examen de conciencia severo, cada uno de nosotros veremos pequeños Herodes adentro. Si la situación es propicia, ninguno de nosotros es inmune a poner en acción un poquito de la magia de Herodes. Demasiado a menudo usamos nuestros recursos, talentos y encantos para obtener lo que queremos, escondiendo nuestros móviles en sutilezas o fingida ignorancia. Lo conocemos con diferentes nombres: la política de la oficina, luchas por territorio, derechos matrimoniales, caprichos paternales. Pero siempre señala la misma cosa: un mal uso del poder. ¿Quién de nosotros no ha recurrido a un poco de manipulación de nuestro cónyuge, a un ligero maltrato de un compañero de trabajo que compite por una promoción, o a uno o dos inocentes cánticos de nuestra propia alabanza? ¿Cuál de nosotros no ha respondido con impaciencia cuando alguien "por debajo de nosotros" en la ley del más fuerte nos ha pedido un favor? ¿O quién no ha respondido a sus hijos con un desconsiderado: "Porque lo digo yo"?

¿No hay todavía un Herodes vivito y coleando en algún lugar dentro de todos nosotros? ¿No es cierto que todos algunas veces cambiamos nuestro sistema de valores por algo que nos exalta un poco más? ¿No es cierto que "abajo" todavía produce sentimientos de temor y aun de ira de cuando en cuando? Todos usamos algunas veces el rostro de Herodes, quizá cuidadosamente camuflado con cosméticos sonrosados; pero todavía ostentando la misma cruel y maliciosa mirada. Compartimos la parte de él que prefiere mejor gobernar que servir, ejercer poder que someterse a la autoridad, ser honrado que buscar la manera de honrar a otros.

Desde el punto de vista del mundo, esa conducta — que la Biblia llama pecado — tiene sentido común. No debemos, nos dice nuestra cultura, ser demasiado estrictos con nosotros mismos. Tenemos que cuidarnos. Si no lo hacemos, ¿quién lo hará?

En esta jungla que es el mundo, hay que sobrevivir. Para librarnos de que nos coman vivos, tenemos que mostrar los dientes de cuando en cuando. ¿No es cierto?

La decisión arriesgada

Seamos sinceros. ¿No tiene más sentido el procedimiento del mundo? ¿No es el ejemplo de Herodes el más lógico para seguirlo? Si adquirimos suficiente poder, sólo necesitamos depender de nosotros mismos. La confianza se convierte en una cuestión del tamaño de nuestros bíceps o de nuestros bombarderos, o de cualquier otra cosa que usemos para medir nuestra fuerza. Podemos depositar nuestra fe en un plan que se ve y mantener el control.

El procedimiento de Jesús parece, en comparación, casi ridículo. Si cedemos nuestro poder a otros, no podemos depender de nosotros mismos. De repente, la confianza viene a ser una cuestión del tamaño de nuestro Dios. Debemos poner nuestra fe en una mano invisible y despojarnos de toda semejanza de control.

Parece, a primera vista, como una decisión fácil. Herodes, por muy maniático que fuera, por lo menos era práctico. Jesús parece menos dado al pragmatismo. ¿Podemos de veras esperar seguir las pisadas de un hombre que murió en una cruz a la edad de treinta y tres años? Pero hay algo más que lo que es evidente. La sabiduría, dice la Biblia, es justificada por sus resultados. Para poder entender totalmente las sendas opuestas de Herodes y Jesús, debemos examinar el final. Herodes, con toda su riqueza, alta posición y posesiones, terminó en la ruina. En el último año de su vida, su cuerpo estaba infectado con enfermedades; su dolor era tan grande que sus gritos podían escucharse frecuentemente en el palacio a medianoche. Pero había algo más que el dolor físico. Él cavilaba amargamente en el hecho de que su muerte la lamentarían muy pocos. Él quería lágrimas en el momento de su muerte, muchas lágrimas. Así que ingenió un desesperado plan final. Convocaría a los altos líderes del país a una reunión en Jericó y, cuando llegaran, cerraría con llave las puertas de la ciudad. Precisamente antes del momento de su muerte daría la orden para que fueran masacrados. De una manera o de otra, las lágrimas de la gente correrían en el momento de la muerte de Herodes. Pero por razones políticas, su plan fracasó y los líderes fueron puestos en libertad. Herodes murió solo. Se le desprecia en la historia.

Jesús, después de una vida de pobreza y baja posición, descendió aun más bajo, a una tosca cruz de madera. Sus lamentos, como los de Herodes, también atravesaron la noche. Cediendo su poder completamente, también murió. Pero hay una diferencia decisiva entre la muerte de Herodes y la de Jesús. Aun con todo su poder, Herodes no podía salvarse a sí mismo de la muerte o de su soledad. Jesús hubiera podido, pero optó por no hacerlo.

Durante su vida, Jesús sufrió voluntariamente — desde el abuso de los fariseos, la ignorancia y dureza de corazón de sus propios discípulos, el rechazo del pueblo, la pobreza de su familia, las amenazas constantes a su vida, la traición de sus amigos, los golpes — todo con un único propósito: mostrar el extraordinario amor de Dios. En tanto que Herodes ejercía el poder del odio y de la autoprotección, formando ejércitos, construyendo fortalezas y asesinando a capricho, Jesús ejercía el poder del amor libertador. Sanó a los enfermos y ciegos, consoló a los quebrantados de corazón y libertó a los esclavos del pecado y de la muerte.

Al ceder su poder, Jesús mostró su confianza en el plan de Dios. Dios dijo que la senda descendente conduciría a la satisfacción y a la vida, y Jesús le creyó. Fue esa confianza la que le permitió a Jesús soportar la cruz "por el gozo puesto delante de él". En tanto que Herodes maquinaba en vano cómo escapar de la soledad de una muerte que merecía, Jesús sosegadamente aceptó la angustia de una muerte que no merecía. Mientras el cuerpo de Herodes se corrompía en un sepulcro de granito, Jesús fue resucitado con gran poder, gloria y — sí — gozo. Para Jesús, el final no fue el final. Él llegó a ser el hombre más célebre de la historia.

Dos reyes con mensajes opuestos. Herodes: Sigue tus deseos, evita las cruces, obtén. Jesucristo: Sirve a otros, toma tu cruz cada día, da. Resultó que sólo uno de los reyes conocía el sendero hacia el gozo.

La historia de Lance Murdock

"Tengo que mantener en mente que por duro que trabaje, y por mucho que pueda alcanzar, ya sean aviones, casas de veraneo, automóviles, o reconocimiento, en el momento en que muera, todo desaparecerá. Pudiera estar haciendo mucho más trabajando para el reino de Dios."

Lance Murdock

Lance Murdock sabe que el caos está a punto de entrar en su mundo. Después del desayuno — cuatro claras de huevo con champiñones, dos vasos de leche descremada y avena — le ha dado la propina a Marie, su camarera de la mesa de la esquina, le ha sonreído y ya siente el familiar hormigueo en su estómago. Le llama el nerviosismo preliminar al juego, aun después de quince años. Sabe por instinto, como puede saberlo un ratón en la jaula de una serpiente, que ha sobrevivido más tiempo que la mayoría. A la edad de cuarenta y dos años, hay vetas de canas en su pelo.

El trabajo de Murdock no es fácil. Son casi las siete de la mañana en el cuarto piso de un edificio en la esquina de las calles

Lasalle y Jackson en Chicago. Murdock, como es su costumbre, ha estado despierto desde las tres y media. Hoy, con la publicación de estadísticas oficiales del gobierno, lo más probable es que será un día muy atareado en la Cámara de Comercio de Chicago. Los animales, bien intencionados o no, estarán alrededor, husmeando el aire para descubrir el olor del dinero, rodeando para lanzarse sobre su presa, calzados con Reeboks. Estos son sus amigos, estos comerciantes que se ganan la vida con aullidos, sin tener misericordia. Casi todo el mundo conoce a Lance. Es como una especie de leyenda en la Bolsa de Bonos Fiscales de Diez Años, un hombre venerado, como declaró un comerciante en la revista *Chicago Tribune Magazine*, "como un comerciante caballero . . . el epítome de lo que debe ser un comerciante". Sonríe y saluda a casi todo el mundo. Al descender una escalera que conduce a la bolsa, pasa junto a una fotografía que muestra la actividad en el piso comercial hace algunos años. Si uno mira de cerca, se puede reconocer a Murdock en la foto. Si uno mira aún más de cerca, puede ver los incisivos. "En aquel entonces yo era un animal — dice Murdock —, un animal en absoluto."

Todavía hay la emoción. La manera en que la sangre circula cuando cincuenta o cien contratos se están negociando y diez segundos desde la eternidad pueden significar unos cuantos miles de dólares, de una manera u otra. La adrenalina corre como un río por debajo de los fríos cálculos, rompiendo la superficie en la conquista, sumergiéndose otra vez con energía. Aun en la mente de un negociante próspero hay continuamente la incertidumbre de no saber si el valor de uno será equivalente a una moneda falsa. Riesgo, temor, conquista, exaltación, caos, autodominio: la dinamita emocional del dinero, del poder y del control.

Al tomar su posición en la fila superior de la bolsa de diez años, mira hacia arriba. Es, más que ninguna otra cosa, un ejercicio de supervivencia. Él sabe de la ruina en potencia, tanto en la billetera como en el alma, si piensa que puede hacer eso solo. Alza su brazo hacia un lugar cerca del techo, en la esquina suroeste superior, donde hay una barra de dos metros de largo, que en su imaginación es como un aro. Es aquí donde imagina que Dios está vigilándolo. Él sabe que lo que hace es tanto un don como una responsabilidad.

La campana de apertura suena a las siete y veinte, en el segundo preciso, y el caos comienza.

Murdock está calibrado para la conquista. En temperamento, historia, capacidades, apariencia: hay cierto sentimiento esencial acerca de él, los dientes blancos como marfil, ya sea que estén apretados o sonrientes. Él es, sin adentrarnos en estereotipos, de mandíbula cuadrada, robusto y usa monogramas en sus mangas, con apenas un indicio — algunas veces en sus ojos — de vulnerabilidad. Desde el primer momento es agradable, halagador con una sonrisa, genuinamente simpático y, en un día malo, potencialmente calculador con un cumplido. Sereno bajo la presión, tenazmente brillante, a menudo parece inseguro de sí mismo y con tendencia a recriminarse por las cosas que todavía no ha logrado. Es impulsivo. Y como la mayoría de los hombres de éxito, es una paradoja de control y necesidad insatisfecha: las mismas cosas que a menudo lo impulsan a avanzar — desafío, reconocimiento y propósito — son también los productos del vacío en su corazón. Y, más allá de todas sus faltas confesas, ama a Dios.

Desde una edad muy temprana aprendió acerca del poder y del control. Rápidamente entendió que se podía ganar el valor: los cómputos del número de premios, títulos y honores. Habiendo crecido como el mayor de cinco hijos en una amorosa familia en los suburbios de Pittsburgh, sus padres le dieron las herramientas para el éxito: los valores profundamente arraigados del trabajo duro, la sinceridad, la integridad y el amor al desafío. Dada la amplitud de sus capacidades, en realidad Lance nunca luchó. Era el capitán de sus equipos de fútbol americano y béisbol, presidente de la clase, miembro de la Sociedad de Honor, casi perpetuamente el Muchacho Optimista del Mes. Su madre, cuyo amor le hace llorar aún hoy día, siempre lo desafió a mayores logros. Cuando tenía una nota de "sobresaliente" en la mayor parte de su tarjeta de notas, le decía: "¿Por qué tienes 'bueno' en ésta?" Cuando ganó ciento ochenta yardas en un juego, le dijo: "Excelente, pero hubieras podido romper aquella entrada." Quería que su hijo alcanzara el máximo de su potencialidad. Pero algo sucedió, un giro sutil en la mente de un niño pequeño: "Aprendí a establecer mis valores enteramente en mis logros", dice. Aun Dios mismo ofrecía la potencialidad para otorgar premios. Semana tras semana se sentaba en la iglesia presbiteriana contando el número de personas dormidas para poder ganarse el premio de la Asistencia Perfecta. Trabajó con el pastor durante un año para poder ganar el premio Dios y Patria de Los Exploradores. Pero él respetaba demasiado el poder para convertir a Dios en una trivilidad. Posteriormente en su vida, aun durante períodos marcados por el pecado, todavía oraba. Dios fue siempre su zona de seguridad, su defensa en contra de un completo fracaso de su propio progreso.

Lance tenía sueños. Quería ser un jugador profesional de fútbol. Lo seleccionaron como uno de los mejores jugadores de ofensa en la escuela de enseñanza secundaria; intentaron reclutarlo varias universidades importantes y escogió la Universidad de Duke. Para cuando estaba en su segundo año, comenzó como jugador de defensa. A las cuatro semanas de haber entrado en su último año, ya era co-capitán de un equipo invicto y clasificado nacionalmente. Y entonces llegó el problema, quizás el primer desafío serio de su vida. Dos jugadores de ofensa se lesionaron. Como Lance había sido jugador de ofensiva en la escuela secundaria y era la posición que él realmente deseaba jugar, ofreció sus servicios al entrenador. Lo rechazaron: "Te necesitamos demasiado en la defensa" fue la respuesta de su entrenador. Murdock perdió la inspiración. El equipo terminó 6-5 y no seleccionaron a Murdock para un equipo profesional.

Sin otra alternativa, decidió adquirir fama en los negocios. Después de graduarse, consiguió un trabajo y una esposa. En su opinión estaban interconectados. Su esposa procedía de una familia rica. Era un incentivo adicional — presión si se quiere — para que Murdock triunfara. "Mi único objetivo era proveer para mi esposa el estilo de vida al que ella había estado acostumbrada", dice. No importaba que ella no estaba interesada en lo más mínimo en ser rica. Fue un incentivo intenso. Duró sólo once meses en su primer trabajo como administrador de ventas para Carnation en Jacksonville, Florida. "Yo estaba muy apurado — dice —. Podía prever que me iba a tomar mucho tiempo subir la escalera corporativa. No podía esperar; mi hambre de reconocimiento y dinero era demasiado grande." Renunció y se convirtió en un corredor de bolsa en Durham, Carolina del Norte. En un esfuerzo por triunfar rápidamente, pasaba la mayor parte de su tiempo trabajando. Su esposa, sintiéndose completamente abandonada, tuvo relaciones extramaritales. Por esa misma época, Murdock dio un viaje a Chicago y visitó la Cámara de Comercio. "Entré en el campo de los negocios y no tenía la menor idea de lo que sucedía, pero supe que quería ser parte de aquello. Era vigorizante, competitivo, recio, emocionante: en breve, todo lo que yo deseaba en un trabajo." Murdock enfrentó los dos desafíos más grandes de su vida: alejar la amenaza a su matrimonio y avanzar hacia un trabajo que prometía el más grande vínculo con el gozo. Quería hacer retroceder a todos sus opositores.

Lo triste, dice, era que amaba de veras a su esposa.

En el frenesí de la bolsa, Lance Murdock es una roca inconmovible, salvo un constante, mesurado masticar de chicle, con la pluma o un dedo a los labios. Está quieto, como un animal de rapiña: calculando, con ojos transfigurados. Está esperando el momento oportuno, uno o dos segundos en el tiempo en que, aguijoneado con cálculos y una punzada de instinto en su estómago, siente que la ganancia es una presa.

La bolsa es difícil de imaginar. Una vez que suena la campana, el mundo cambia en una fracción de segundo. De un sentido razonable de lógica, orden y buenos modales a un manicomio de gritos y saltos frenéticos y maniacos. Es un lugar donde se permiten cosas que, en casi cualquier otra parte de la sociedad civilizada, harían que una persona fuera metida en la cárcel. Hoy, cuando el tablero muestra las 7:57:19, ya el mercado está en movimiento. El zumbido de voces humanas, insistentes y competitivas, se levanta hasta el alto techo, aminorando, retumbando, cayendo en el fuego de un nueva ronda de voces, más persistente, más rápida. De cuando en cuando, los novatos en este mundo pueden distinguir una sola voz entre las miles: "BAJÓ 2 PUNTOS, 500 MENOS. OFERTA POR 200, 200, 200." Siga la voz, si es afortunado, hasta un hombre con venas y ojos saltones, pero mayormente todo se escurre dentro del cerebro de uno como un solo veneno de voces discordantes. Los teléfonos a un lado añaden a la confusión; llegan cables y órdenes de todo el mundo. Encima de la bolsa, en hileras, como ángeles imparciales en batas de laboratorio, están sentados tecleando en computadoras, enviando indiferentemente señales fosforescentes verdes y amarillas: los números en los grandes tableros, los lentos monitores del caos, los cálculos electrónicos de la vida y la muerte. Los corredores, revisores del negocio, y asistentes — los rasos y principiantes — se mueven como hormigas constantes, revoloteando con boletos, deteniéndose a decir: "Vende 53 a 21, 19 a 20; compra 19 a 20, 20 por 4, 59 a 22", y continuando moviéndose, mezclándose con las voces de otros que están haciendo la misma cosa, a otro ayudante, a otro que también arroja números.

Murdock ataca rápidamente, hablando por señas con los brazos y las manos, su voz brotando en ráfagas que martillan sus cuerdas vocales. Compra veinte contratos a 19. El mercado se queda en 19 durante cinco a diez segundos, que es una eternidad aquí. Disminuye su riesgo vendiendo diez de los contratos a 19 a un negociante que está al lado de él. En los dos segundos siguientes, el mercado se recobra y Murdock vende cinco contratos a 20. Gana a eso de ciento cincuenta dólares. El mercado continúa recobrándose y, en unos pocos segundos, vende los restantes cinco contratos a 21. Otros trescientos dólares. Casi cuatrocientos cincuenta dólares en su primer negocio, en menos de un minuto. Una buena manera de comenzar el día. El día antes, su primer negocio resultó en una pérdida de alrededor de dos mil dólares.

Murdock es un revendedor local. Comercia para sí mismo. Los revendedores no reciben salario ni ganan comisión. Un revendedor es como un hombre que va a una tienda de víveres con una lista de lo que cada artículo debe costar. Cuando ve un artículo a un precio bajo compra varias unidades, esperando que el tendero descubra la diferencia de precio y lo aumente. Él entonces vende sus artículos y se queda con la ganancia. El mercado, a través de la oferta y la demanda, realiza la misma función que el tendero.

La bolsa puede comerse a una persona viva. Mayormente, son sólo los jóvenes los que pueden manejarla, y en tal caso, por lo general, no por mucho tiempo. Es, más que nada, una compresión, una intensificación de un sistema de valores. En una palabra, dinero, condensado en unos pocos segundos. Pareciera que se diseñaron todas las cosas en previsión de la presión. En la arquitectura predominan cuadrados uniformes: el enlosado, las luces altas, los tableros simétricos e imponentes, la sala, los cuadrados del cubo. Las chaquetas de los negociantes: rojas o amarillas, que denotan las clasificaciones de orden y rango y compañía. Pero todavía la presión, el caos, parece cernirse, filtrándose en los poros como un ácido. Es un mundo imparcial. Por cada ganador, hay un perdedor. Adivina bien, y sobrevivirás. Adivina mal, y puede significar el regreso a un trabajo de oficina.

Hay un nerviosismo físico, un cierto vínculo de energía que viene con la presión. Cuando el mercado está reñido, los cuerpos se presionan unos a otros, frente con espalda, buscando un lugar donde gritar, como un raro rompehielos en un club de solteros. Las cuerdas vocales quedan en carne viva. Las venas varicosas aparecen en las pieles jóvenes. En el vigor, los negociantes se lesionan, sufren desmayos, pelean unos con otros, algunas veces con sus puños, hasta se ensucian, y aun así el negocio continúa.

A los dos años, se van cinco de cada seis negociantes. Agotados o arruinados, a menudo las víctimas de sí mismos y, sin duda, doblegados bajo la presión.

Es cerca de la hora del almuerzo. Lance Murdock, aun después de quince años, se reprocha a sí mismo. Ha ganado unos seis mil dólares, pero cree que pudiera haber ganado otros tres o cuatro miles. Si hay algo que él ha aprendido es que uno tiene que ganar y acrecentar al máximo cuando puede. Porque siempre hay los problemas de mañana.

Alrededor de la medianoche, en una temperatura de casi dieciocho grados centígrados bajo cero en diciembre de 1980, Lance Murdock salió de su apartamento en el centro de Chicago y llevó a sus cachorros de siete meses a dar un paseo en el parque. Rottweilers: siempre los había admirado; la fuerza de esos perros le recordaba el poder, y su devoción a él tocaba una cuerda de añoranza. Tan pronto como él y su esposa se separaron y se mudó para vivir solo, necesitó compañía.

El mundo que tan cuidadosa y meticulosamente había estructurado se había despedazado. El divorcio estaba pendiente. Tenía una deuda de casi cuatrocientos mil dólares y estaba al borde de la bancarrota.

Hasta ese momento, todo había sucedido casi como había esperado. Por lo menos las cosas que estaban bajo su control. Se había mudado a Chicago, había trabajado como agente de bolsa durante las tardes y las noches, y pasaba tiempo en la Cámara de Comercio durante el día. Haciendo contactos, aprendiendo el sistema, estudiando a los profesionales. A diferencia de muchos hombres obsesionados con un sueño, Murdock era calculador y no tenía prisa. Él quería hacerlo bien. Comenzó a ahorrar los ciento veinte mil dólares requeridos para comprar una licencia de comercio completo en la sala de operaciones.

En julio de 1977 ocupó la sala de operaciones por primera vez. Las primeras semanas fueron fáciles, tan fáciles que resultaba cómico. Ganó ocho mil dólares en el primer mes y no hubiera podido estar más complacido consigo mismo. Su valor estaba ascendiendo. El mes siguiente lo condujo a un punto un poco más cerca de la realidad. Perdió dieciséis mil dólares y quedaron sólo unos pocos miles en su nombre. Pero aun eso no era nada para Murdock. Es verdad que lo estremeció, pero él estaba hecho para el desafío. Aminoró la marcha, buscó asesoramiento, escogió sus puestos, estudió el éxito y aprendió paciencia y disciplina. Dentro de tres años estaba en las siete cifras.

Había logrado sus sueños. "Pensaba que era el rey del mundo", dice. Tenía tiempo, dinero y respeto. El nombre Lance Murdock comenzó a significar algo, aun para él mismo. Todavía existían esos persistentes problemas personales. Los papeles se habían invertido en su matrimonio. Dice Lance que él era el que se sentía abandonado. Como estaba trabajando en el mercado de los granos, que están abiertos menos de cuatro horas al día, tenía mucho tiempo libre. Quería saborear el fruto de sus labores: viajar a lugares exóticos, recrearse con extravagancias caras, comprar una casa más grande. Su esposa no quería nada de eso. Ella estaba trabajando de cuarenta a cincuenta horas semanales y lo disfrutaba. Tenía muy poco interés en las cosas que podía comprar el dinero de su esposo. Para Lance, eso era un insulto personal:

¿Cómo se atrevía a desdeñar su gran conquista del mundo mercantil negándose a disfrutar de la buena vida que él había trabajado tan dura y hábilmente para proveerle? En la mente de Lance todavía estaba la aventura amorosa. Nunca se sobrepuso a eso. Él la había perdido, su máxima posesión, a otro hombre. Aunque se había terminado, todavía tenía el dejo amargo en la boca. Comenzaron a alejarse uno del otro. Lance permanecía determinado a disfrutar de su éxito, aun si ella no quería. Viajó a Myrtle Beach para jugar al golf, a Las Vegas para jugar por dinero, a la Florida para tomar el sol. Él solo, con amigos solteros, y después, con otras mujeres. Se convirtió en un experto de la mentira crónica. "Llegó a ser infecciosa — dice —. Arruiné mi matrimonio por completo. No me importaba en lo más mínimo."

Prácticamente lo único que le faltaba a Murdock era de un sentido de humildad. El suyo era un engreimiento bajo control, que usaba una máscara de decencia y reputación, de la peor clase. "Era un engreimiento planeado — dice Murdock —. Yo sabía mis objetivos." Se sentía invencible.

Y entonces, en contra de sus esfuerzos más decisivos, el mundo de Murdock comenzó a derrumbarse. Se separó de su esposa a fines de 1979. En noviembre de 1980, cuando una vez más alcanzaba los siete dígitos, ese número mágico de supremacía, ocurrió el desastre. Como revendedor, Murdock había hecho sus negociaciones mayormente por instinto y en un período muy breve de tiempo. Decidió probar el negocio de posición, que requiere el estudio de un producto, tomar una posición y permitir que corra por un largo período de tiempo, por lo general semanas o meses. Es un negocio arriesgado.

"Yo conocía a los más altos negociantes de posición en la Cámara de Comercio y ganaban cientos de miles en un período de semanas o meses", dice. Con su ego a la máxima altura, Murdock pensó que él podía hacer lo mismo. Tomó una posición en una pasta de soya. Estudió las condiciones climatológicas y las tablas de los precios. En el primer par de semanas había ganado doscientos mil dólares en su posición. "Pensé: 'Esto es increíble. ¿Por qué me mato trabajando tanto, negociando todo el día, peleando y gritando, comprando y vendiendo, si haciendo esto, en un par de semanas tengo doscientos mil?' " Dejó correr su posición. Hasta la ruina. En los ocho días siguientes, la posición se volvió en contra de él. Perdió su ganancia de doscientos mil dólares, alrededor de setecientos cincuenta mil en su cuenta comercial y tenía una deuda de cuatrocientos mil. En suma, la posición le había costado alrededor de millón y medio de dólares en poco más de una semana.

Así es como se encontró en un parque de Chicago con sus cachorros Rottweiler, los perros del poder. Recuerda cómo el viento desgarraba su interior, en algún lugar cerca de su alma, dejándole estremecido, vacío y frío. "Lo había arruinado absolutamente todo — dice —. Estaba tramitando el divorcio, tenía un valor neto negativo. No sabía si iba o venía. No tenía valor social; pensaba constantemente que no valía ni cinco centavos." Se encaminaba hacia la bancarrota económica, social y moral.

En el campo abierto y vacío, el invierno lo atravesó. Todo estaba en ruinas, en la oscuridad de la vergüenza. Los perros tiraban hacia adelante, esperando abrirse paso a través de su dolor. Murdock lloró.

Cuando la Bolsa disminuye, avanza a paso de tortuga. Cuando el reloj marca la una y doce minutos, ronda el aburrimiento, asentándose en los nervios exaltados como agua limpia y fresca en una herida recién abierta. Lance se mantiene firme en la bolsa de diez años, mascando un chicle, irrumpiendo en el bullir de la conversación a su alrededor. En lugar del rechinar de voces frenéticas, hay un zumbido, como la cuerda de un reloj, a una o dos pulgadas de tensión. Los negociantes tienen que sobrevivir eso también. Uno está sentado en cuclillas sobre los escalones que suben a uno de los pisos, leyendo un editorial del periódico USA *Today*: "¿Deben legalizarse los juegos de azar?" Otro silba una canción. Los baños y los teléfonos están llenos. Los fragmentos de conversación son tantos como los pedazos de papel roto sobre el piso de la sala de operaciones. "Estoy convencido — dice otro negociante detrás de un teléfono — de que cualquier cosa depravada que la mente de uno pueda pensar, alguien, en algún lugar, ya la está haciendo." Otra se queja de las entradas de la estación para los juegos de béisbol a lo largo de la tercera base, que la ponen casi en el jardín izquierdo. Dos tipos al lado de la barandilla comparten sus historias como padres: "Hace poco mi hijo celebró su segundo cumpleaños; se puso del decorado de chocolate en las orejas." Otro se rasca la cabeza: "Llegué tarde anoche; tengo que dejar de hacer eso. Nunca encuentro lo que busco de todas maneras."

La energía es lo único que sobrevive. Aun cuando el tiempo está descompuesto, arrastrándose paso a paso como si los segundos fueran un espeso líquido, y el furioso ímpetu de las voces disminuye, se revelan los tonos de dolor y de ansiedad más suaves, ligeramente expuestos. En la bolsa hay un movimiento violento de la vida. El dinero, si uno pudiera oír entre los resultados netos, no es en realidad el asunto principal.

Lentamente Lance Murdock vino a darse cuenta de que el verdadero desastre de su vida no era haber perdido casi millón y medio de dólares; era la bancarrota de su manera de pensar. Era la creencia de que él podía construir para sí mismo un mundo indestructible, un medio ambiente que no podía traspasar nada: fracaso, temor, el ladrón en medio de la noche. Si él podía arreglar las circunstancias — su cuenta bancaria, su reputación de negociante, sus éxitos — entonces siempre podría calcular su valor personal. El plan fracasó. Mirando retrospectivamente a través del desastre, podía ver que todos sus éxitos no habían sumado mucho más que cero. No es que era una mala persona: siempre había sido agradable y genuinamente atento. Es que había puesto sus esperanzas en los lugares equivocados. "Me di cuenta de que había puesto mi valor e importancia como ser humano en los éxitos superficiales. Vi que no era realmente mejor como persona."

Aun entonces, cuando Dios todavía estaba a favor de él, Murdock comenzó a hacer cambios. Se dio cuenta de que lo que hacía como negociante era un don. Tenía la responsabilidad de desarrollar ese don y, de alguna manera, darle un valor diferente. No podía seguir juzgando su valor por el número de autos, casas y aviones privados que poseía. Había aprendido una gracia frágil.

También aprendió acerca de la liberalidad. Tres de sus amigos juntaron sus reservas para ayudarle a salir de su deuda. No le cobraron interés y manifestaron su confianza en él. Le pidieron que se retirara del negocio de posición y retornara al negocio de día. Sus amigos creyeron en él por la cantidad de cuatrocientos mil dólares. Eso conmovió a Murdock. De alguna manera, era como si Dios mismo se hubiera abierto camino. Era difícil de entender e imposible de olvidar.

Gradualmente Murdock se recuperó. Al cabo de tres años más o menos, estaba de nuevo en los siete dígitos, era un director de la Cámara de Comercio de Chicago y estaba ligeramente menos confundido acerca de la vida. Todavía oraba y ahora leía la Biblia media hora por día, siendo todavía un creyente interesado en sí mismo, pero con preguntas más grandes o por lo menos más inquietantes: ¿Quién es Dios? ¿Qué quiere Él de mí? En 1984 sus padres fueron a visitarlo. Como eran fieles creyentes, buscaron una iglesia donde asistir el domingo.

Tropezaron con una iglesia que parecía un edificio de oficinas de una corporación, la Iglesia Comunitaria *Willow Creek*. Les encantó. La madre de Murdock, que siempre lo desafiaba, le pidió a Lance que fuera con ellos. Él aceptó con renuencia. Planeaba revivir su juventud, contando el número de personas que se quedaban dormidas; pero en lugar de eso, lo abrumó la presencia de Dios. La fe que veía allí era vital, fuerte, poderosa. Su madre sintió que su hijo iba a ser transformado, y lloró.

Murdock continuó asistiendo, interesado, y a la vez escéptico. Se sentaba en la primera fila del balcón posterior, cerca de la salida. Estaba analizando, esperando pacientemente por la trampa. Gradualmente comenzó a diezmar. Por último, tuvo una llamada del pastor principal quien lo invitó a almorzar. Murdock pensó que pronto iba a encontrar la trampa: la iglesia estaba interesada en él por su dinero. Durante el almuerzo, esperaba que el pastor le diera las gracias por su generosa ofrenda. Nunca sucedió. En lugar de eso, surgieron preguntas acerca de su vida espiritual y moral. El pastor se enteró de que él vivía con su novia. Lo desafió, en términos directos, a llevar una vida que honrara a Cristo. "Me trató con severidad — dice Murdock —. Si las palabras hubieran sido cuchillos, me habrían cortado en pedacitos." Pero en vez de ofenderse, Murdock sintió que el pastor se preocupaba por él. Al fin había encontrado personas a quienes no les importaba en lo más mínimo su dinero o su reputación, sino que se preocupaban sólo por su crecimiento en Jesucristo.

Desde entonces, ha habido cambios significativos en la vida de Murdock. Después de separarse de su novia, Lynda, y vivir como solteros, ahora están casados. Tienen cuatro hijos (dos del matrimonio anterior de Lynda y dos del matrimonio de ambos). Cuando uno entra en el hogar de Murdock, es obvio que sus prioridades han cambiado. En el piano de media cola hay fotografías de su familia e hijos. Mientras mira hacia el estanque en el cercado de enfrente, habla de los dos hijos mayores y la pesca. Exhibe el blanco y fresco cuarto de McKelle, su hija de dos años, con una muestra de orgullo. Campbell, el recién nacido, lo puede hacer reír tontamente como un niño de edad escolar.

"Estoy tan agradecido — dice Murdock —. Dios ha cambiado mi vida completamente. No puedo comenzar a contar lo bendecido que me siento. A través de Lynda y los niños, Dios me ha enseñado lo que es ser amado. Dios me ha bendecido mucho más de lo que yo hubiera podido imaginar. El amor que compartimos es muy profundo."

Como negociante ha cambiado su enfoque. Ya no quiere ser el "héroe irresistible de la Cámara de Comercio". Trata de ser responsable. Por primera vez en su vida tiene un sentido de "profundo contentamiento" que resulta de su relación con Dios. Ha desarrollado un grupo de personas ante quienes se hace responsable — su "junta directiva personal" — para poder seguir manteniendo la integridad en su vida personal y espiritual. Está soltándose de la atadura que las posesiones hicieron una vez en su vida.

Pero eso no quiere decir que todo marcha bien para Murdock. En algunas aspectos, su relación con Dios ha traído caos a su vida. Muy profundo dentro de él hay dos sistemas de valores en guerra. Uno dice conquista. El otro dice cede. Uno dice obtén. El otro dice da. Uno dice que las cuestiones externas son las importantes: billetes de dólar, logros, títulos, reconocimiento. El otro dice que las realidades internas son las decisivas: la fe, el amor y la esperanza. Murdock está dispuesto a cambiar, pero es difícil. Por causa de las actitudes mentales conflictivas — la vieja perspectiva contra la nueva perspectiva — la vida de Murdock a veces es compleja. Admite abiertamente que todavía tiene el impulso de hacer y de ganar. Los viejos hábitos persisten. Además de su trabajo como negociante de día, es copropietario y socio de una compañía de seguro para la salud en los suburbios del noroeste de Chicago. El negocio toma una gran parte de su tiempo. Su vida está programada desde las tres y media de la madrugada hasta por lo menos las cinco de la tarde. A veces sacrifica la familia y la iglesia.

En casi todos los niveles, Murdock lucha por encontrar un equilibrio. ¿Puede ser un éxito en la Cámara de Comercio sin comprometer su fe y su carácter? "Muchas veces — dice —, cuando sube el nivel de intensidad, la ética quiere bajar. Es una lucha constante." Siente una intensa responsabilidad de representar a Cristo. Muchos de los negociantes han notado la diferencia en su conducta. Ya no es un animal. Le preguntan y él les cuenta acerca de las nuevas prioridades en su vida. Sabe que tiene una oportunidad poco común de traer el evangelio a personas que están mayormente absortas en la autopromoción.

Cada día Murdock enfrenta la diferencia entre los dos reinos: el del hombre y el de Dios. Lo confronta esta pregunta: ¿Qué es el éxito? ¿El verdadero éxito? "Tengo que mantener en mente que por duro que trabaje, y por mucho que pueda alcanzar, ya sean aviones, casas de veraneo, autos o reconocimiento, en el momento en que muera, todo desaparecerá. Pudiera estar haciendo mucho más trabajando para el reino de Dios. Lo que uno hace para el reino de Dios es eterno. La eternidad es insondable."

Hay un proceso de desprendimiento. Murdock está aprendiendo a hacer preguntas: ¿Puedo mantener mis posesiones y ser aún un cristiano eficiente? ¿Cuál es la línea divisoria entre necesidad, bendición y exceso? ¿Pudiera yo servir a Cristo aun si no tuviera nada? ¿Es correcto tener un avión, o una mansión, o una casa de veraneo? Murdock diezma fielmente, contribuye a algunas fundaciones y ofrenda a la junta de benevolencia de la iglesia. Quiere hacer aún más. Cree que hay excesos en su vida que pudieran ser entregados en un esfuerzo para hacer avanzar más el reino.

Dice que se mueve lentamente. Al hacer bien, no quiere dar

marcha atrás. Marcha atrás a la mentalidad de "haz para ganar".

"Hay una línea imprecisa — dice —, entre vivir nuestra fe por gratitud frente a tratar de ganar puntos con Dios por medio de las cosas que uno ha hecho para Él." No quiere retroceder volviendo a ganar premios de asistencia perfecta.

A pesar de todo el crecimiento en su vida, todavía se siente desconectado. "Siento que he recibido la bendición de muchas capacidades y recursos, y sin embargo no siento que estoy viviendo a la altura de lo que puedo hacer para el reino de Dios. Al que mucho se le ha dado, mucho se le demandará. Siento un deseo vivo o anhelo dentro de mí."

Tal es — dice — el punto de comienzo para la senda que conduce hacia abajo. Hacia el caos y hacia el control de Dios.

Falta un minuto para la campana de clausura. Hay el alboroto, la ráfaga de gritos y los negocios del último segundo. Murdock ha vendido contratos y cubierto los gastos en una transacción de último minuto. Unos segundos más tarde, el mercado se recupera. Hubiera podido tener una ganancia considerable. Algunos años atrás, hubiera estado enfadado. Ahora hay una leve insinuación de una sonrisa en su rostro.

Por encima de él, en un lugar cerca del techo, en la esquina superior suroeste, hay una barra de seis pies de largo, inadvertida por la mayoría. Es allí donde Murdock imagina a Dios vigilándolo. Es, dice Murdock, una cuestión de perspectiva.

CAPÍTULO 3

LA DEDICACIÓN

La vida fuera del ambiente natural

Se rebajó a sí mismo hasta ya no ser nada.
Filipenses 2:7 (Biblia Latinoamérica)

Jesucristo se hizo nada. Hay algo perturbador acerca de la idea. Quizás es la palabra "nada". Hay una combinación incómoda de vacío y violencia en la palabra, un despojo aterrador de lo que es. No hay nada bueno acerca de nada. No podemos llevar nada al banco, a la playa o al seminario del amor propio. Con nada, se reirían de nosotros en lugares tales como salas de juntas y banquetes de condecoraciones. Si queremos mostrar nuestro valor, si queremos ser *alguien*, tenemos que adquirir o lograr algo. La *nada* es para un don *nadie*.

Pero es más que esto. Veamos otra vez: Jesucristo se hizo nada a sí mismo. Eso implica una acción intencional. Jesús deliberadamente se despojó a sí mismo de todo — de sus derechos y privilegios divinos — y cruzó el abismo inconcebible entre Dios y el hombre.

Trate de imaginar la distancia de ese abismo. Trate de medir el descenso desde el cielo hasta la tierra con una cinta de medir o con un cuentamillas o con la velocidad de la luz. Los kilómetros y los milenios se disiparían en la eternidad. Encuentre a otro Einstein, introduzca una nueva ecuación y deje a la computadora vibrar y zumbar. La mente y las micropastillas se derretirán. La distancia que descendió Jesucristo es simplemente incalculable.

Pero la distancia no es el único descenso que hay que medir. Hay también el descenso de la esencia, del ser: el Dios ilimitado convertido en hombre limitado. Antes del descenso, Jesús estaba en el centro del universo: el punto central de la alabanza, el Creador de todas las cosas y seres, la energía y el poder que sostiene todas las cosas. Jesucristo no era un ayudante, ni un eterno segundo al mando o heredero de un trono que nunca se iba a desocupar. Filipenses 2:6 nos dice que Él era "por naturaleza Dios". Era Jesucristo, igual con el Padre y el Espíritu Santo, quien creó el mundo y reina desde la eternidad y ante quien los ángeles se postraban y clamaban "Santo, santo, santo" en la visión espectacular de adoración en Isaías 6. Jesucristo es Dios.

Pero Él optó por descender, despojarse de sus derechos divinos. Repentinamente, tuvo que usar puertas, montar en mulas, comer y dormir. Le dolían los músculos. Tuvo que decir: "Está bien, papá, sí, mamá, lo que ustedes digan." Intercambió adoración por maldición y alabanzas por escupitajos en su rostro. "Santo, santo, santo" por "Eh, tú, chiquillo judío". Imagine a la omnisciente, omnipresente, omnipotente Segunda Persona de la Trinidad doblegándose a las restricciones obligatorias de la carne.

Del cielo a la tierra, de Dios a hombre . . . pero eso no es todavía la medida máxima del descenso de Jesucristo. Él aún tenía que enfrentar la cruz: áspera, astillada, severa contra el cielo y manchada con sangre. Cuando Cristo murió, era su única posesión; la poseyó a través de los clavos. Abandonado, quebrantado, desamparado por los hombres y por Dios, Él fue quitado de la cruz y enterrado. No había testamentos que litigar; Jesús no tenía casas ni tierra ni dinero. No había reinos que entregar; sólo tenía un puñado de seguidores y hasta ellos se esparcieron. No tenía hijos y no dejó un legado escrito. Desde el punto de vista del mundo, Jesús había descendido a lo más bajo que un hombre — ni qué decir de Dios — podía descender.

Pero había aún otro peldaño descendente, a los ojos del cielo el descenso más profundo de todos: teniendo una naturaleza sin pecado fue manchado por el pecado. El alma de Jesús fue inundada con el odio de cada mentira, la maldad de cada pensamiento impuro, el veneno de cada palabra cruel, la tragedia de cada buena obra que no se realizó. Y el Padre, en su santidad, se indignó en contra de su Hijo. Jesús se hundió en el océano fiero de la ira de Dios contra el pecado. En realidad, no podía haber descendido más abajo.

Cuando uno llega a entender la violencia del descenso, se maravilla aún más con el versículo: "Jesús *se despojó* a sí mismo hasta no ser nada." No lo empujaron, amenazaron o coaccionaron; ni tampoco fue su descenso una caída accidental. Fue el resultado de un sometimiento voluntario e inquebrantable a la lógica divina. Paso a paso, voluntariamente, Jesús *escogió* descender del pináculo de la creación a la degradación de la cruz. Desde el momento en que dejó el cielo siguió en una sola dirección, en la senda más directa: hacia abajo. Adoptó consciente y activamente una vida de entrega, de servicio, de pérdida y de muerte.

Decisiones difíciles para nosotros

Lo que fue, y es, realmente difícil de aceptar para los seguidores de Jesús es que se nos llama a nosotros a hacer lo mismo. Hacer nada de nosotros mismos. Al morir a nuestros intereses egoístas, seguimos a Jesús en la escalera hacia abajo, paso a paso. Pero la movilidad descendente no es algo que nos sucede por casualidad. Como Jesús, todos los días debemos tomar decisiones activas y deliberadas para descender. Y, como Jesús, debemos usar la lógica de Dios. Debemos creer que, a pesar de todo el dolor que pueda sentirse, descender es el único camino hacia la grandeza.

Desde la perspectiva del mundo, el camino que siguió Jesús —el mismo camino en que se nos manda a nosotros a andar— no tiene sentido; es *insensato*. ¿Qué clase de Dios demandaría tales actos absurdos de autodestrucción? ¿Y por qué razón cualquier persona cuerda seguiría tales órdenes? Hay una sola respuesta para ambas preguntas: el amor. La historia del Dios que voluntariamente se degradó a sí mismo, que se rebajó y perdió a propósito, que murió para que se pudiera pagar el castigo del pecado de usted y el mío por toda la eternidad, es, por encima de todo, una historia de amor. Dios le pidió a su Hijo que descendiera por causa del amor. Jesús obedeció por causa del amor.

Y a nosotros, sus seguidores y recipientes de su amor, se nos llama a hacer lo mismo. Cuando le preguntaron a Jesús acerca de los dos mandamientos más grandes, respondió: "Ama a Dios y ama a otros." Eso es lo que motivó a Jesús y eso es lo que nos debe motivar a nosotros.

Pero, otra vez, como en el caso de Jesús, el descenso que requiere el amor no sucede por casualidad. Cada uno de nosotros tiene que hacer elecciones activas, y a menudo costosas.

Una pareja en nuestra iglesia, sintiéndose atrapada por las exigencias del gran hogar de sus "sueños", decidió venderla y mudarse a una más pequeña que requería menos atención. La meta era tener más tiempo y recursos para edificar relaciones. "Cristo estaba en el trono de nuestra vida — dice Sue —, pero el materialismo estaba (sentado) al lado de Él, devorando nuestra vida." La decisión de reducirse es para otros a menudo difícil de aceptar. Las dos hijas adolescentes de Sue, por ejemplo, encuentran difícil explicar a sus amigos de los barrios ricos del noroeste de Chicago el porqué sus padres habían tomado tal decisión. Y es duro soportar el ser malentendido y hasta criticado. Pero la familia no tiene intención de regresar a la esclavitud de su estilo de vida anterior.

Otra mujer joven, Jodi, decidió descender un poco después de haber tomado unas vacaciones. En un viaje a uno de los paraísos del turista, su ómnibus cruzó varios kilómetros de un lugar en México sumamente pobre. Era la primera vez que Jodi había visto tal empobrecimiento cara a cara. "Allí estaba yo — dice —, en camino hacia un elegante hotel, pasando a toda velocidad a través de cientos de personas destituidas." Cuando regresó a su hogar tomó una decisión consciente de hacer algo. Ahora, una vez a la semana, hace trabajo voluntario como fisioterapeuta para servir a los habitantes de los barrios pobres de Chicago. "Yo nunca había ido a la ciudad anteriormente — dice Jodi, recordando sus temores —. Era aterrador y todavía lo es . . . (pero) me niego a permitir que el miedo me impida ir."

Frank, con su esposa y seis hijos, también se vio enfrentando una decisión dolorosa. La compañía para la cual trabajaba — una de las principales compañías manufactureras de juegos de video — producía materiales con los cuales Frank se sentía cada vez más incómodo. Muchos de los juegos de video que él vendía exhibían y promovían sexo, violencia y fanatismo. Por último, uno de los juegos "traspasó el límite". Renunciar era una decisión difícil para él. Tenía un salario impresionante, un título prestigioso, una cuenta de gastos generosa y mucha seguridad . . . sin mencionar una familia de ocho que alimentar. ¿Cómo podía renunciar a todo eso? ¿Cómo podría alimentar a su familia? Frank finalmente renunció, siguiendo la dolorosa senda descendente.

Una y otra vez, me tropiezo con personas que han sentido un impulso de descender, de menguar, de aceptar una degradación por causa del avance del reino de Cristo. Aunque nunca he conocido a una persona que lamentara el haber descendido, casi todos los que conozco que han obedecido tal impulso han confrontado cierto grado de malestar, porque muchas de las decisiones eran sumamente dolorosas. No es fácil cambiar la oración de Adán: "No tu voluntad, sino la mía", por la oración de Jesús: "No mi voluntad, sino la tuya." Descender implica humildad, quebrantamiento, dependencia, disposición a servir y obediencia; ninguna de estas cosas surge de nosotros espontáneamente. Todos nos sentimos mucho más cómodos con el statu quo.

¿Es *esto* vida a plenitud?

No hace mucho tiempo, una mujer me detuvo en el pasillo de la iglesia y me agradeció profusamente por forzarla a salir del ambiente natural. "Pasé la mayor parte de mi vida tratando de arreglar las circunstancias, de manera cuidadosa y conservadora, para poder vivir con comodidad y seguridad, con pocas sorpresas y un mínimo de inconvenientes. Ahora estoy aprendiendo que amar no es siempre agradable. Algunas veces me hace tomar giros inesperados y resulta terriblemente inconveniente. Pero es una manera de vivir mucho más emocionante y llena de satisfacción. ¡Nunca más quiero estancarme en el ambiente natural!"

Sin embargo, ¿no es ese el lugar donde la mayoría de las personas — aun muchos cristianos sinceros — viven su vida diaria? ¿No tenemos la tendencia de concentrarnos en los pasajes bíblicos que garantizan seguridad, paz, victoria y recompensa? ¿No son esos los que memorizamos y ponemos en placas en la pared? Tendemos a pasar por alto o "suavizar" los pasajes que ponen en peligro o amenazan nuestro bienestar. Los versículos que nos traspasan y nos cortan y nos descubren y nos desafían a movilidad descendente rara vez se encuentran en las placas caligrafiadas.

El autor Scott Peck observa que la gente hace todo lo posible por evitar experimentar dolor e inconveniente: en el matrimonio, la paternidad, el mundo mercantil y en casi todos los aspectos de la vida. En lugar de tratar con los problemas de frente, lo cual puede causar conflicto, la gente a menudo hace caso omiso de ellos o desvía las energías hacia otra cosa — deportes, alcohol, sexo, compras, comidas — y crea una imagen bastante convincente de paz y bienestar. Pero la paz es falsa y el bienestar es costoso. Se compra a costa de la realidad y del crecimiento personal.

Sólo con el tiempo nos damos cuenta de que este ambiente natural que tan cuidadosamente hemos construido no era, después de todo, lo que en verdad queríamos. El bienestar, la ausencia de dolor, no conduce a la satisfacción total; en realidad, a menudo obra en su contra. Hay una ironía aquí. El cambio positivo, el crecimiento espiritual, el avance del carácter, el progreso de las relaciones requiere dolor, conflicto o tensión como una especie de combustible para producir el cambio. Los atletas dicen: "No hay atajo sin trabajo." Los hombres de negocios repiten: "Quien no se arriesga no pasa la mar." En el ámbito espiritual se aplican los mismos principios. Necesitamos darnos cuenta de que la clase de vida "en abundancia" que Jesús prometió a sus seguidores en Juan 10:10 no se encuentra en la senda ascendente hacia el ambiente natural, sino en la senda descendente hacia el desafío, las decisiones difíciles, el crecimiento doloroso y la obediencia.

En Juan 20 Jesús se apareció a sus discípulos y les mostró las cicatrices en sus manos y costado. Entonces les dio un mandamiento: "Paz a vosotros. Como me envió el Padre, así también yo os envío." ¿No parece eso una extraña yuxtaposición? "Los estoy enviando a una vida de cicatrices y muerte. Pero no se preocupen, la paz irá con ustedes."

La cuestión es esta: la plenitud de vida no implica evasión del dolor sino el valor para *atravesar* el dolor. El camino descendente es una senda que implica una entrega total. La movilidad descendente no es una cuestión de cuánto dinero regalamos, sino cuánto entregamos de nosotros mismos, cuánto estamos dispuestos a arrancar del pecado y del exceso en nuestra vida. Es una actitud marcada por fuerza de carácter. Y no crecemos en carácter sin dolor.

Cuando Jesús caminó en la tierra, tenía un buen ojo para las deficiencias de carácter y estaba decidido a corregirlas. Constantemente ponía espejos que reflejaban la avaricia, el orgullo, la deshonestidad y la inmoralidad de la gente; sus palabras a menudo causaban incomodidad y culpabilidad. No era el tipo de persona que, al estar a su alrededor uno, se siente cómodo . . . y todavía no lo es. A través de la Biblia, Jesús nos revela tal como somos. Todavía nos pide que cambiemos, todavía exige reconocimiento doloroso y trabajo difícil.

¿La tierra sin atractivo? ¿O la gran aventura?

Cuando otras personas o el Espíritu nos desafían acerca de nuestra sinceridad o bondad o moralidad o egoísmo, ¿qué hacemos? ¿Retrocedemos a nuestra cómoda posición de autoengaño y denegación o enfrentamos la necesidad de crecer y cambiar? Esos momentos de decisión, cuando sentimos correr el sudor por nuestro cuello — el calor del Espíritu — son momentos críticos. Exigen una acción consciente de la voluntad. Hay dos opciones: retroceder hacia el ambiente natural o avanzar con la dirección del Espíritu. Una parece segura. La otra implica riesgo. Una exige poco más que suficiencia. La otra pide todo en confianza. Una es cómoda y fortificada. La otra es expuesta y desconocida.

¿Usted se esconderá en el ambiente natural o seguirá la dirección del Espíritu? Antes de contestar, hay algo más que debe saber. Hay una respuesta burlesca, o por lo menos inesperada. El ambiente natural, al final, no es cómodo en lo absoluto. En realidad, no es ni siquiera parecido al cuadro que describen de ese ambiente. Y la dirección del Espíritu Santo, a su vez, no es tan dolorosa. La verdad es que, si permitimos que el temor al dolor o al fracaso nos mantenga dentro de nuestro ambiente natural, viviremos constantemente en la tierra de lo familiar: la constante monotonía de los días y los meses y los años invariables. Pero si estamos dispuestos a avanzar a través de nuestro temor, Dios ha prometido que viviremos en el reino de lo sobrenatural: la aventura diaria e imprevisible de una vida guiada por el Espíritu, llena de direcciones milagrosas y experiencias que nunca hubiéramos podido imaginar.

Se necesita una decisión deliberada y consciente para salir del ambiente natural y bajar hacia las sendas de la grandeza. Cada día el Espíritu nos llama a seguir, a descender: llamar y alentar a un amigo, hablar de Cristo con un vecino, servir, pasar tiempo con nuestros familiares, dar dinero a alguien en necesidad, reconciliar una relación, pedir perdón, exhortar a un amigo . . . despojarnos de nosotros mismos para poder amar mejor. Y es ahí donde puede aparecer el dolor. Cuando el Espíritu nos pide que pongamos a un lado nuestros deseos egoístas, que nos tomemos molestia y salgamos de nuestro ambiente natural, esas peticiones siempre esconden una espina.

La única manera en que aprendemos el arte de avanzar haciendo frente al dolor es haciéndolo. La lógica de salir del ambiente natural deja de ser ilógica sólo cuando actuamos. Una vez que nos movemos, una vez que comenzamos a dar esos pasos descendentes, encontramos el gozo de abandonarnos a la voluntad y protección de Dios. Descubrimos que hay satisfacción en amar a otros. La vida agradable que planeamos es sumamente aburrida — verdaderamente la "tierra sin atractivo" — comparada con la Gran Aventura que Dios tiene reservada para nosotros.

África y el doctor Jim Judge

Jim está alcanzando una realización creciente de que la seguridad, la verdadera seguridad que no depende de un arreglo adecuado de circunstancias. Esa llega sólo cuando no tratamos de asegurarla. Más bien, llega cuando nos decidimos a dar: el control, los planes, y, sobre todo, nosotros mismos.

Comenzó al atardecer, las nubes negras danzando con rapidez y con lluvia. Ahora, con una estela de niebla asentándose sobre el Rift Valley en Kenia cerca del Monte Longonot, que es un volcán activo, parecen pinchar el cielo, hormigueando, juntándose en enjambres, produciendo un ritmo apagado con sus alas, ganando velocidad en el vuelo. Y finalmente, como si buscaran al Faraón mismo, descienden al patio de Jim Judge.

Hay algo que uno debe entender. Al doctor Jim Judge, en general, le gusta andar con precaución, vivir con el mínimo de intensidad, con todo bien arreglado y planificado. Contemplar las termitas volando, como las que ahora tintinean contra su ventana, no es la manera en que él hubiera descrito una tarde perfecta. Uno pensaría que esto — esta escena de Apocalipsis o Stephen King — sería suficiente para sacar de quicio a Jim Judge.

Quizás no. Se levanta durante el postre — que es bizcocho de chocolate y nueces — y en medio de conversaciones con su hija mayor, Emily, golpea los pequeños insectos con un matamoscas. "El paraíso de los Du-Du", dice, repitiendo una y otra vez la palabra *suaheli* para insecto: "Du-Du". Uno de los Du-Dus cae en un plato. "¡Ay, qué repugnante, papá!"

Esto es extraño. El doctor Jim Judge ha venido desde muy lejos para estar aquí, en este momento de una carcajada: sin duda, la distancia entre las zonas residenciales del oeste de Chicago y el Centro Médico de Kijabe en África, no sólo en términos de kilómetros, sino a través de esas separaciones invisibles e inmensurables de idioma, cultura e historia. Sólo esto es obvio: la mayor distancia la ha atravesado en su viaje personal de fe.

"Yo soy una persona metódica — dice Judge —. Me gusta darle anteproyectos a Dios para que trabaje con ellos." Pero no era el plan de Judge estar en África, por lo menos en este momento. De seguro, no fue él solo el arquitecto de una serie de acontecimientos que lo condujeron a él y a su familia a vender el hogar de sus sueños en un opulento suburbio y pagar el costo de un año de trabajo misionero en un país al otro lado del mundo. Tomar esa clase de riesgo no es típico de Jim Judge. Su práctica, no pocas veces, ha sido andar con precaución.

Pero que lo disponga Dios.

Judge, por lo menos, ha tenido el buen sentido de aceptar el ir con la corriente. A lo largo del camino ha aprendido mucho acerca de la obediencia, de la dedicación y de despojarse a sí mismo de sus "necesidades" de estabilidad, seguridad y bienestar. "No es una decisión que tomamos una sola vez — dice —. Son cientos de decisiones que tomamos cada día." Ha aprendido a confiar en Dios cada vez más.

Es la clase de obediencia que conduce a la libertad. Uno puede reírse en medio de todos los Du-Dus.

Hay algo acerca de Jim Judge, quizás es la manera en que reaccionan sus impulsos y la resultante erupción de palabras inesperadas y cautivadoras. "Es una dinámica nulidad de mujer", bien pudiera decir. Quizás es la manera en que puede hacer sonar sus vocales, lentamente a través de la nariz, como si aborreciera tener que terminarlas: uuu, iii . . . el aviso de una culminación ingeniosa, la a menudo descentrada consecuencia de su propio humor. Quizás es su apariencia —entradas en la frente, la mandíbula superior algo saliente, cierta mirada en los ojos —la mezcla inestable de adulto y niño y las chispas entre el brillo automático y la necesidad de encantar.

Su padre fue un espectrofotógrafo; hacía instrumentos que analizaban el espectro de la luz. Para exponerlo con modestia: era brillante. Jim, también, era inteligente: para el tiempo de graduarse de la escuela secundaria había saltado dos grados. Pero él sentía que nunca había sido *así* de inteligente. Su padre, un conservador de un sólido compromiso con la ética del trabajo y la integridad, parecía saber un poco de todo. Para complicar las cosas, su familia se mudaba mucho. Para el tiempo en que estaba en el décimo grado, había estado en diez escuelas diferentes.

Jim dice que siempre ha luchado con la inseguridad. Escogió ser médico por dos razones fundamentales. Primero, al fin había encontrado algo acerca de lo cual su padre no sabía nada. Y segundo, nunca tendría que preocuparse de pagar las cuentas. Aunque era una persona profundamente sensible, el altruismo no fue lo que inspiró su decisión de ser médico; ni tampoco el dinero o la categoría social. Era más que nada una necesidad de sentirse inconmovible, o por lo menos aceptado.

Habiendo crecido al final de la década de los sesenta, observó la revolución cultural sin participar. "Yo caía en la categoría de los que observaban mientras otras personas sufrían las consecuencias."

La mayoría de sus planes giraban alrededor de esta idea: no hacer nada descuidadamente. Su seguridad dependía de mantener los planes en estabilidad: no ir demasiado aprisa, no hacer giros violentos y nunca abandonar la senda ancha y pavimentada. Sigue la dirección del mapa. Pero aunque trataba con gran esfuerzo, no importaban las precauciones, sus planes siempre amenazaban con salirse del camino. Había siempre esta discrepancia irritante en su vida: su apariencia externa nunca era igual a su realidad interna. Por fuera, era del club estudiantil el hermano bondadoso, altamente popular, el tipo que sale con las reinas de la asociación femenina estudiantil. En el interior había una inseguridad inmensa e intensa. "Me acostaba por la noche sólo para preocuparme por todas las cosas que pudieran salir mal." Nunca se quedaba dormido, dice, hasta que su reloj digital marcaba la una y once. Una peculiaridad existencial, única de él.

Y entonces, de repente, también había que tratar con Dios. De todo el mundo, nada menos que su novia, reina de la asociación femenina estudiantil, había encontrado a Jesús. Jim, al principio, culpaba los cigarros extraños que ella fumaba. Cuando ella le dijo que tenía una relación personal con Jesucristo, la respuesta de Jim fue: "Eso es como decir que tienes una relación personal con un dulce." Esa clase de plática no tenía sentido. Jesucristo murió hace dos mil años. No hay mucha seguridad, razonaba él, en orar a un hombre muerto.

Pero él tenía curiosidad. Había cambios, reales y profundos, en su novia. Para "terminar con la tontería", le pidió una Biblia para que él pudiera "señalar todas las inconsecuencias". Por mucho que estudió, no pudo encontrar ninguna; en realidad, a menudo él era el que se sentía inconsecuente: "Las palabras saltaban de las páginas hacia mí." Fue a la iglesia y fue conmovido. Por último, una noche no podía ni estudiar ni dormir, así que oró: "Señor, si tú eres el autor del cambio, entonces te quiero en mi vida porque necesito cambio en mi vida."

Durante los próximos meses, dice que experimentó "cambios pequeños pero muy reales". En primer lugar, su espíritu comenzó a sosegarse. Rara vez volvió a ver los dígitos de su reloj llegar a la una y once.

Precisamente fuera del Centro Médico de Kijabe en Kenia, en un cementerio, la luz de la temprana mañana es serena, como un matiz de anaranjado sobre las tumbas. Andando por un sendero de tierra, el doctor Jim Judge está en camino a su trabajo. Los nombres de los primeros misioneros, sus cortas vidas grabadas en piedra, susurran de historia, de sacrificios que no pueden ser desarraigados.

Crispus es el guardián del cementerio. "Hola", dice Jim. Ciego de un ojo y casi ciego del otro, Crispus tiene que inclinar su cabeza con cuidado, ligeramente hacia atrás y hacia la derecha para poder ver. Él es muy pobre. "Hola", contesta, el tono de sus palabras disminuyendo en la humedad de la mañana. Mientras Jim se encamina hacia el hospital, Crispus queda con sus tareas de excavar y podar las parcelas de resurrecciones futuras.

Al entrar al hospital, el doctor Judge comienza sus visitas. En el transcurso de las próximas horas, verá pacientes en la sala de pediatría, en la sala de maternidad, en la sala de bebés prematuros, en la sala de adultos (privada y no tan privada), en la clínica de pacientes externos y en la unidad de cirugía. Jim es uno de los cuatro médicos actualmente en el hospital, que puede atender hasta doscientos veinte pacientes. Se atiende un promedio de trescientos cada día como externos. "Aquí uno se convierte en especialista de todo", dice Jim. Él es oncólogo, pediatra, obstetra, radiólogo, cirujano: lo que usted quiera. Aparte de los hospitales en Nairobi, que son excesivamente costosos y que están a más de una hora de distancia suponiendo que uno tenga auto, el Centro Médico de Kijabe ofrece la única atención médica que es digna de confianza en esa región.

Los pasillos, bañados en colores pasteles claros de verde mar y tenue frambuesa, están cubiertos de las alas de las termitas, blancas y frágiles. Cubren el suelo, como la clase veteada de molinetes que algunos árboles lanzan como semillas. Hoy es más o menos lo mismo: enfermedad y alguna sanidad y más enfermedad.

Por ejemplo, en la sala N de la unidad de pediatría — un escaso cuarto de ocho camas de acero y sábanas genéricas con letras negras estarcidas, KMC PAED — Jim hace sus observaciones clínicas. Una niña de ocho años de edad que ha estado vomitando gusanos; una de tres años de edad con un caso severo de neumonía; un niño retardado en su temprana adolescencia con una infección bacterial en el tejido interno de su corazón; un niño de diez años que pesa apenas catorce kilos; un bebé con malaria; una niña de dos años, que parece tener nada más que seis meses, probablemente con SIDA. Con serena distracción, el doctor Judge despacha instrucciones rápidas: una lista de medicinas, pruebas y procedimientos. Un intravenoso para él, una radiografía para ella, un conteo de la sangre, un gastrointestinal superior. Cuando puede, trata de ver con un ojo clínico. De otra manera, es esto lo que ve: una mujer joven y hermosa besando amorosamente a su bebita de dos años, ambas vestidas de azul claro, ambas con SIDA; un niño, incapaz de mantener comida en el estómago, muriéndose de hambre solo; una madre sujetando a su adolescente retardado durante otra de las tantas convulsiones; una bebita, con grandes ojos pardos, vomitándose en el suéter tejido a mano con mangas demasiado largas; una bebita, luchando por respirar, muriéndose de neumonía, quien, de haber tenido la tecnología adecuada, hubiera podido vivir hasta tener nietos. Y eso es sólo en una unidad de un piso de una sala. Emocionalmente, Jim dice: "Uno tiene que tratar de protegerse a sí mismo."

Especialmente en este país. Mientras Jim examina a la gente en la unidad externa, explica las condiciones médicas en Kenia. A la vista inmediata del centro médico, la proporción de mortalidad en el primer año de vida es uno en cuatro. Las dos causas mayores de esas muertes son neumonía y deshidratación. La mayor parte de la enfermedad es el resultado de agua contaminada y dieta deficiente, y si hubiera los recursos y la educación adecuada, serían evitables. Pero esa no es la noticia *realmente* mala. El SIDA lo es. De los pacientes examinados en el centro médico, uno de cada cuatro — más del veinticinco por ciento — resultaron positivos del virus VIH. De la gente "saludable" que querían donar sangre al hospital, uno de cada diez examinados resultaron positivos. Un estimado realista, cree Jim, es que uno de cada ocho nativos de Kenia tiene el virus VIH. Durante los próximos cinco años, se estima que más de setenta millones de personas en el este y centro de África morirán de complicaciones causadas por el SIDA. "Esto es lo peor después del genocidio", dice Jim. La explosión del SIDA, a su vez, ha aumentado los casos de otras enfermedades: tuberculosis, tifoidea, cólera y neumonía.

Durante todo el transcurso de la tarde en la clínica de pacientes externos, los pacientes inundan la oficina del doctor Judge. Una criatura de cuatro años con sarampión y neumonía. Una mujer con dolor en el seno, probablemente cáncer; no se puede hacer mucho por ella. Un niñito con una historia clínica de eczema severo, una enfermedad de la piel, tiene una costra gruesa de hongo en su piel. En medio de la embestida de la enfermedad, el doctor Judge trata de recordar los nombres. Como Naumi. "Eh, Naumi, ¿cómo estás, nenita? No te sientes muy bien hoy, ¿verdad?" Naumi tiene dos años. Tiene una fiebre de 38.3 grados y tiene una infección en el pecho, probablemente neumonía. Jim enfrenta una situación que exige discernimiento, una en cientos de las que tendrá en el día de hoy. ¿Se debe hospitalizar a Naumi? Él decide que sí, ordena penicilina, radiografías del pecho, un conteo del azúcar en la sangre. Mediante la amable traducción de una enfermera, explica la situación a la madre de Naumi, que mece a su niña enferma entre sus brazos.

Después de su conversión al cristianismo, cambiaron los planes de Jim Judge. Comenzó a incluir a Dios en ellos. Pero en algunos aspectos se sintió aún más presionado para proponer el plan *perfecto*. Ahora tenía la responsabilidad adicional de asegurarse de que estaba en la voluntad de Dios. El control era esencial.

No es sorprendente que después de comenzar una relación con Jesucristo, Jim considerara abandonar los planes de asistir a la facultad de medicina para ingresar en el seminario. Tomó la idea tan en serio, que sentado a la mesa el Día de Acción de Gracias, le dijo a su padre de su plan del seminario; éste, cuando oyó la noticia, se fue al piso de arriba. Por último, a través de una dirección peculiar de Dios, Jim renunció al plan y salió con otro plan: el plan de misiones. Sucedió muy inocentemente. Primero surgió la emoción del ministerio. Jim comenzó a participar en Cruzada Estudiantil para Cristo en la Universidad de Virginia del Oeste. El ministerio experimentaba un gran movimiento del Espíritu Santo; Jim estaba participando en las relaciones intensas que se desarrollan mediante el evangelismo y el discipulado.

Una de esas relaciones era con una mujer llamada Cindy. Muy pronto salían juntos. En un par de años se habían casado. "Lo que nos acercó — dice Jim —, fue nuestro amor por el ministerio." No se conocían bien el uno al otro. Jim, por ejemplo, no tenía ni la menor idea de cuánto Dios iba a usar a Cindy para estremecer su vida.

En primer lugar fue el amor de ella por las misiones. Cindy, una cristiana del tipo radical, es una persona algo arriesgada que había participado activamente en el ministerio a personas de la calle. Para Jim, un joven de clase media a alta, esta era una combinación inesperada y peligrosa. El riesgo y la compasión eran dos cosas que le podían costar una gran parte de su estabilidad.

Aun así él no quería estar fuera de la voluntad de Dios. En la facultad de medicina, consideraba las misiones como un plan lógico para un médico cristiano. "Lo consideraba de una manera muy intelectual — dice Jim —. Había una necesidad mayor en el extranjero y mayores recursos en los Estados Unidos." Durante su cuarto año en la facultad de medicina, y el segundo año de su matrimonio, Jim y Cindy salieron para su primer tarea en el extranjero: Nigeria.

No siempre todo marchó fácilmente. Como desde el comienzo. Cuando su Boeing 747 se detuvo en la pista nigeriana a las tres de la madrugada con un calor de 40.5 centígrados, Jim miró por su ventanilla y vio una horda de jeques con ondeantes túnicas blancas. Mientras esperaban fuera del avión, Jim no pudo evitar de observar sus espadas. "Pensé que íbamos a ser sacrificados de inmediato." Resultó que era un comité de bienvenida para un dignatario.

Después Jim se enfermó de malaria. "Imagine la peor gripe que haya tenido en su vida, más un tumor cerebral." A pesar de las malas experiencias, Jim y Cindy experimentaron un ministerio significativo y dejaron la puerta abierta para regresar. Esperaron la dirección de Dios.

El sendero de tierra cruza a través de las *shambas*, las granjas en las colinas onduladas fuera de Kijabe. Los Judge — Jim y Cindy y sus tres hijas, Emily, Katie y Jennifer — han salido para dar un paseo. No exactamente el paseo típico de uno de nuestros domingos por la tarde. Esta es la temporada de la lluvia: una fecundidad de los sentidos, verdes saturados, bombardeos de olor a duraznos, cencerros y balidos, nubes que parecen dar vueltas y dividirse y volver a unirse sin el movimiento del tiempo. De algún lugar en las colinas viene el sonido de música evangélica, conmoviendo, moviendo, golpeando a tiempo rápido, las notas del corazón cayendo en ecos dentro del valle.

Aquí no hay autos ni televisión, sólo personas y animales. Una joven con un vestido rojo brillante y un pañuelo grande de colores, con su rostro marcado por corrientes de sudor, lleva una carga de madera cortada en su espalda, con una cuerda de sostén alrededor de su frente. Emily y Jennifer se ríen y Katie, siempre la sensible, mira preocupada. Hay un niño con un suéter de Tom y Jerry, otro bajo una desteñida sombrilla rosada-marfil, el sol cayendo lentamente sobre su rostro en sombras de rosa. Hay niñas en vestidos brillantes y ondeantes, rojos y amarillos y verdes en seda. Hay, siempre, la risa brillante, el ladrido de los perros. La vida corre aquí en un reloj más lento.

Los Judge han ido a ver a Jane, una de las trabajadoras del complejo misionero de Kijabe, y a sus cinco hijos. Cindy conoce bien el camino. Ella ayudó a Jane a enlodar las paredes de su casa, que está sobre un collado, rodeada de maíz y el cielo. De acuerdo con las normas del Oeste, la casa no es una gran cosa: una colección de lodo, madera astillada, hojalata, cuadros de calendarios viejos, páginas de libros de colorear y viejos boletines de la iglesia. Pero es un hogar, y uno bueno, recto y verdadero, con una canal para la lluvia sobre la puerta.

Jane está obviamente orgullosa. En algunos sentidos, pudiera decirse que la casa es un símbolo del cambio en su vida, que fue en cierto tiempo trágica y autodestructiva. Tuvo cinco hijos fuera del matrimonio y secretos que no quería contar. Jesucristo transformó su vida completamente.

Las dos familias se sientan en la "sala", con un fuego abierto para preparar *chai*, un té dulce y arcilloso. Después de repartir las jarras, Jane ora. Jennifer, con un ojo atisbando entre los dedos, mira hacia arriba y sonríe. A miles de kilómetros de su hogar, al otro lado del mundo, la extensa familia de Jesucristo.

En 1981 el doctor Jim Judge comenzó a ejercer con otros doce médicos. Rápidamente desarrolló un nuevo plan. Pasaría tres años en la práctica privada y después regresaría al extranjero como médico misionero. Aun cuando amaba su trabajo, no siempre lo veía como un *verdadero* ministerio. En 1983 los Judge tuvieron la oportunidad de volver a África, esta vez para llenar una necesidad a corto plazo por falta de médicos en el centro médico de Kenia. Con sus hijas de cuatro y dos años y Cindy con seis meses de embarazo, fueron a Kijabe por primera vez y permanecieron por cerca de tres meses. Les encantó el ministerio.

Cuando regresaron a casa, Jim esperaba escuchar de Dios en cualquier momento acerca de qué dirección tomar en su vida. Un plan divino. Pero había un silencio sepulcral. Al mirar retrospectivamente, Jim no está seguro de lo que quería. ¿Una nota en el refrigerador? ¿Una visión en la noche? Lo que sucedió fue que se enojó. Durante el año siguiente, la relación de Jim con Dios comenzó a corroerse en el ácido de la desilusión.

Durante algunos años, los Judge estuvieron trabajando en ministerios importantes. Jim enseñaba en la iglesia, llegando muy pronto a ser uno de los líderes. Pero con el tiempo tanto Jim como Cindy encontraron que su cristianismo — una vez vital y lleno de pasión — se había disuelto hasta convertirse en un simple estilo de vida. La iglesia a la que asistían, aunque fuerte en enseñanza y sabiduría bíblica, a menudo parecía concentrada en sí misma. El fuego espiritual del evangelismo, precisamente lo que los había conectado a los dos en primer lugar, ya no existía.

Los Judge, desconectados, comenzaron un lento, casi imperceptible deslizamiento hacia el materialismo y la actividad excesiva, las plagas gemelas de los barrios acomodados. Había casi esta clase de razonamiento subconsciente: Si Dios iba a pedirles que tuvieran un ministerio en los barrios acomodados, entonces tendrían que adaptarse. O: una casa más grande es una inversión; *necesitamos* comprar una si es que vamos a ser buenos mayordomos. Hasta recurrieron al razonamiento formulado por su escala de impuestos.

Los Judge compraron una vieja casa grande, sin duda no fabricada para los niveles de su comunidad, pero muy cómoda. O así pensaron. Muy pronto Cindy se encontró luchando con el agotamiento: la casa parecía extraer hasta la última gota de su energía. Y para Jim estaba la piscina. O mejor, La Piscina. O, quizá más exactamente, LA PISCINA. Como una pesadilla de la clase de Edgar Allan Poe, LA PISCINA comenzó a hacer exigencias: aliméntame con cloro; saca esas hojas de aquí; cambia mis químicos. En realidad, había meses enteros en los cuales la familia no se sentía libre para viajar por causa de LA PISCINA. La situación se volvía absurda. "Cuando llegue a los setenta, ¿me recordarán por lo limpia que mantuve mi piscina?"

El teléfono suena, y Jim Judge tiene una emergencia. Naumi, la pequeña niña de dos años que hizo ingresar en el hospital con neumonía, no está muy bien. Más vale que vaya y la vea. Cuando Jim llega, Naumi está quieta, salvo por una respiración trabajosa. Es como si estuviera ahorrando cada onza de energía para su próxima respiración. Su temperatura es de 39.8 grados. Naumi, dice Jim, está grave. Después de encontrar la radiografía, evalúa el examen de sangre, ordena un intravenoso, oxígeno y una dosis mayor de penicilina. Teme que Naumi pueda también tener malaria, aunque no hay una manera cierta de averiguarlo por la falta de servicios de diagnóstico. Decide comenzar también con el tratamiento para la malaria.

Eso es lo que afecta profundamente a Jim. En los Estados Unidos esta niña no moriría. Aquí no hay garantías. "Es como que uno descarga sobre los niños con todo lo que uno tiene." No hay nada sutil en cuanto a las enfermedades en África. "Cada enfermedad que uno ve en África es el caso peor que jamás ha visto — dice Jim —. Los niños están siempre en el extremo peor."

Sentado en la cama Q4 de la sala de pediatría, Jim le explica la condición de Naumi a sus padres. "La neumonía es muy severa; debemos orar para que la medicina haga efecto." Precisamente antes de salir, se inclina y susurra: "Sólo sigue respirando, Naumi, es lo único que te pedimos."

Dos veces en la noche, antes que Jim sepa de la mejoría de Naumi, se despierta y mira al techo.

Jim Judge no está seguro de cuándo sucedió: quizás una tarde mientras alimentaba LA PISCINA; quizá no sucediera sólo una vez, sino una y otra vez, como el estribillo en una canción. Más probable, está sucediendo todavía. Cualquiera que sea el caso, Jim está alcanzando una realización creciente de que la seguridad —la verdadera seguridad que no depende de un arreglo adecuado de circunstancias — llega sólo cuando no tratamos de asegurarla. Más bien, llega cuando nos decidimos a dar el control, los planes, y, sobre todo, a nosotros mismos.

Jim comenzó a darse cuenta de algunas duras realidades. En su concentración por encontrar la voluntad de Dios, a menudo perdió de vista a Dios mismo. En el temor de malgastar su vida, problablemente pisoteó algunas oportunidades. En su deseo de encontrar "ese" lugar especial de ministerio en el futuro, algunas veces los perdió de vista a "ellos": las personas que Dios ponía en su vida, día tras día.

"Finalmente tuve que decir que Dios podía hacer lo que quisiera con mi vida — dice Jim —. Las direcciones tenían que ser desde su perspectiva y no desde la mía. Yo tenía que tomarlas día a día y minuto a minuto." Fue una decisión de vivir en el aquí y el ahora. Para Jim, una persona que necesita un sentido de control, fue un paso de confianza y obediencia.

Cosas extraordinarias comenzaron a suceder en la vida de los Judge. Oportunidades de ministerio comenzaron a "abrirse" en la práctica médica de Jim: cuestiones profundas que implicaban personas cuyos matrimonios, economía y vida estaban fuera de control. Comenzó a darse cuenta de que bajo el brillo y el ritmo de los barrios acomodados había un núcleo de necesidad perturbador y espantoso, tan negro como cualquier cosa que pudiera ofrecer África. Exigía nada menos que sanidades espirituales.

Los Judge también, después de algún tiempo, se dieron cuenta de la erosión espiritual en su propia vida. Ambos sintieron la necesidad de estar conectados, como una vez lo estuvieron, con personas que estaban sin Dios, sin esperanza. Dios los dirigió a una iglesia con un corazón para inconversos donde, por los primeros tres o cuatro meses, lloraban "lágrimas de gozo" durante cada culto. Se deleitaban en la excelencia, la diversidad, el énfasis en los dones espirituales y la pasión por las almas perdidas. "Esas personas vivían como si la iglesia fuera la cosa más importante del mundo", dice Jim. Se reavivó su fe, que estaba llegando a ser cada vez más un estilo de vida.

Hubo otros cambios, a menudo dolorosos. Decidieron poner

su casa a la venta. Una casa más pequeña, una sin LA PISCINA, les daría más energía y tiempo. A fines de noviembre de 1989, su pastor dio un mensaje acerca de los cristianos que hacían "un regalo costoso". La frase se fijó en la mente de Jim. A menudo se despertaba en la noche y sonaba en sus oídos. Alrededor de ese mismo tiempo escuchó esto de un amigo: el Centro Médico de Kijabe en Kenia tenía una desesperada necesidad de un médico por el período de un año. ¿Estaría él interesado en ayudar? Eso significaría vender su casa, trabajar sin sueldo, desarraigar a su esposa e hijas, y trabajar en un centro médico en un país infestado con el SIDA.

El tiempo, como resultó, era perfecto.

El doctor Jim Judge está buscando monos. En la falda de una colina tan empinada como verde, Jim está de pie inmóvil, contemplando los árboles, tratando de seguir la línea visual de su hija mayor que está señalando hacia arriba.

— Pensé que vi algo moviéndose — dice ella.

Otra falsa alarma.

— Bueno — dice Jim —, por lo menos dimos un paseo por el campo.

Les da tiempo al padre y a la hija para construir un recuerdo.

Otro en una serie de recuerdos. Lo que comenzó como un acto de obediencia y riesgo ha resultado ser uno de los mejores años de la vida de los Judge. Han comenzado a llamarlo "su licencia" del ministerio en los barrios acomodados de los Estados Unidos. Sobre todo, han podido aminorar la marcha, evaluar y experimentar. A pesar de la pobreza y la enfermedad, África les ha enseñado mucho acerca del mal de los barrios acomodados. Los habitantes de África les han enseñado lecciones acerca de la comunidad, de la belleza y de los placeres sencillos.

Desde su patio, al otro lado del Rift Valley, han visto los fuegos de noche sobre el Monte Longonot, naranja en negro, la preparación anual para la estación de la siembra. Han viajado en safaris y han visto un solo leopardo moteado en un árbol y miles de flamencos en una ribera, un línea blanca inverosímil. Han participado en el culto de una iglesia en Gilgal, donde niños pequeños tamborean ritmos en las pieles de animales. Han pasado un fin de semana con los Maasai, una antigua tribu africana, y han pasado el amanecer de una mañana cruzando aguas rojas y moradas. Han visto el sufrimiento y la pobreza, a madres cargando a su hijos moribundos y entienden lo que significa ser privilegiados. Han llegado a entender, una vez más, que la vida tiene que ver con dar, no con obtener, y con experimentar, no con correr. Han aprendido una nueva apreciación de Dios y los unos de los otros.

Ha resultado que los riesgos no han sido nada comparados con las recompensas. "Yo quería que mis hijas tuvieran recuerdos — dice Jim —. Quería darles algo sólido a lo cual pudieran mirar retrospectivamente y reírse de él. Quiero que les cuenten a sus hijos acerca de su padre loco que vendió la casa, empaquetó todo en una caja y llevó a toda la familia para el África por un año. No quería que sólo nos escucharan decir que sus padres dependíamos de Dios, sino que quería darles un ejemplo de un paso manifiesto de fe. Deseaba un laboratorio donde pudiera mostrarles a Dios trabajando y los beneficios de la fe."

En una empinada y verde colina en África, Jim y Emily ya no están buscando monos. La lluvia ha comenzado, seguida por un torrencial aguacero. Mientras se deslizan por la colina, los pies primero algunas veces, la cabeza primero otras, a veces sosteniéndose uno al otro, están saturados de lodo y agua. Su risa, a veces, parece estar fuera de control.

CAPÍTULO 4

EL SERVICIO

Un amor
lleno de sorpresas

Tomando la naturaleza de siervo.

Filipenses 2:7 (NVI)

Realmente no conocía al hombre, salvo por lo que había leído de él. Su vida terminó trágica e irónicamente. A la hora de su muerte, su armazón de 193 centímetros pesaba sólo 54.5 kilos. Su cuerpo entero estaba descolorido, aun sus labios. Su barba, sus uñas y su pelo estaban terriblemente largos y descuidados. Muchos de sus dientes eran sólo fragmentos de raíces, negros y podridos. Un tumor — un abultamiento rojizo entre sus hebras de pelo gris — estaba comenzando a salir del lado de su cabeza. En sus brazos y muslos y amontonadas estrechamente en la región de la ingle había huellas de agujas. Era un drogadicto que se inyectaba en la piel más de veinte gramos diarios, en ocasiones tres o cuatro veces esa cantidad. Sus ojos parecían muertos la mayor parte del tiempo, pero de cuando en cuando destellaban desde sus hundidas cuencas con una sorprendente y alarmante intensidad.

Ese es el hombre al que envidiaba una generación. Durante su vida lo tuvo todo: poder, dinero, fama, placeres ilimitados. Poseía cosas poderosas y gente débil. Se entregó sin reservas a la complacencia de sí mismo. "Si alguna vez un hombre tuvo lo que se necesita para estar satisfecho — decía el público envidioso —, tenía que ser Howard Hughes."

No conocía a la mujer, salvo por una pocas veces que la vi en una pequeña iglesia en Michigan. En realidad, no había nada excepcional en ella. Trabajaba como voluntaria en la cocina de la iglesia, una mujer anciana, de estatura y apariencia corrientes, vestida de manera conservadora. En mi opinión, era notable sólo por dos cosas. En primer lugar estaba su constancia. Cada vez que yo visitaba la iglesia, ella estaba allí, en la cocina, empañada ligeramente en mi memoria por el vapor de la sopa. Y después estaban sus ojos. Brillaban con una profundidad de una calidad sorprendente.

Esta, una mujer que notaban muy pocos, a quien nadie envidiaba. Si tuviera que hacer conjeturas, diría que tenía muy poco de lo que el mundo considera valioso: dinero, fama, poder o posesiones. Juzgando por su vestuario, se puede decir con confianza que poseía muy poco y que daba mucho. Vivía bajo la sombra del servicio a los demás. "Si alguna vez una mujer tuvo motivos para quejarse — el mundo diría con un suspiro —, sería esta mujer." Ni siquiera sé su nombre. Pero recuerdo su sonrisa. Hablaba de gozo.

Hay toda clase de gente en este mundo. Hay personas a quienes les gustan los perros y personas a quienes les gustan los gatos. Hay personas a quienes les gusta la piscina y personas a quienes les gusta la playa. Personas a quienes les gusta la mañana y personas a quienes les gusta la noche. Personas a quienes les gusta el café y personas a quienes les gusta el té. Y la lista no tiene fin. Los seres humanos son inmensamente diversos con un calidoscopio de intereses, temperamentos y puntos de vistas diferentes.

Y sin embargo, en medio de toda la variedad, hay un extraño hilo familiar que nos une, un interés que compartimos todos: el interés propio. Sin considerar el continente, el sistema político, el nivel económico, la raza, es el lado oscuro universal de la humanidad: el deseo del último pedazo de pastel, la causa de la Tercera Guerra Mundial, el apetito agresivo en nuestros ojos. Es *yo primero*. Esa filosofía arraigada acerca de la vida equipara felicidad con complacencia de sí mismo. Es la creencia de que el poder, la fama, el dinero y la emoción son las herramientas que podemos usar para medir el éxito. El mundo de hoy celebra esa manifestación particular de la depravación. Nunca antes en la historia moderna la noción del ser humano engreído ha tenido más grande aceptación. Después de todo, es nuestra generación la que ha sido llamada la Generación del Yo. Fue en la década de los años ochenta que vimos que la avaricia fue elevada a la categoría de un ídolo de ojos saltones. Cada vez menos, las decisiones se tomaban sobre las bases de los valores, la moral y un sentido de justicia. En cambio, las respuestas venían envueltas en los apetitos. ¿Llena esto mi necesidad? ¿Satisface esto mi apetito sexual? ¿Apaga mi sed de más? ¿Alimenta mi codicia por el poder? El adjetivo clave era "mi". Nuestro modelo ejemplar pasó de ser la Madre Teresa a ser Madonna. El mensaje era claro: indulgencia, saciedad, persecución del placer sin restricciones. No sólo se toleraba el interés egoísta, sino que se lo promovía y alentaba activamente. Industrias enteras, tales como la publicidad y el modelado, retoñaban en el suelo fértil de tan desvergonzado egocentrismo. Una y otra vez se nos ha enseñado la lección: Más para mí es mejor para mí. Y maldito sea el resto del mundo.

Y así lo ha sido. La actitud mental de *yo primero* ha conducido a nuestra sociedad al borde de la desintegración interna. El escapismo, la perversión, el SIDA, los embarazos no deseados, la violencia, el escándalo político y la desintegración de la familia son todos síntomas de la locura de nuestra era moderna, nuestra obsesión con el Yo.

Un concepto perdido

Una manera de descubrir el pulso de una sociedad es calibrar sus palabras. Sus significados y valores cambian con los tiempos y los movimientos de la historia. Tomemos la palabra "servidor". Antes que la queja llegara a ser una forma de vida nacional, se consideraba un honor servir a alguien. No había causa más alta que proveer para las necesidades de los demás por amor. Sin embargo, en una cultura que gratifica la autoexpresión y el individualismo, "servidor" ha desaparecido virtualmente de nuestro vocabulario. Las noticias de las seis muestran una persona tras otra, todas absortas en sí mismas, demandando enérgicamente sus derechos individuales. De cuando en cuando un noticiero termina con una historia de "interés humano" acerca de alguien que sirve a otros. Lo que nos sorprende no es que se muestre a esta persona, sino el hecho evidente de que al servidor — uno que busca algo más que su propio interés — se le considera ahora como una novedad, el raro.

Estamos despertando sólo gradualmente al desastre en toda su extensión. Los que están dispuestos a mirar a través de la niebla de sus búsquedas egoístas pueden ver que están desintegrándose los vagos contornos de sus fundamentos. Lentamente nos estamos dando cuenta de que las cosas importantes en la vida — nuestros valores, nuestro sentido de comunidad, nuestra integridad — son precisamente las cosas que hemos estado destruyendo. Nos "encontramos" a nosotros mismos, y para nuestra sorpresa, encontramos que estamos en un aprieto. Nos quedamos dando vueltas, sintiéndonos solos, procurando evitar que nuestra vida sea desenlazada hasta convertirse en un caos. Descubrimos que el interés puramente propio es, en definitiva, autodestructivo.

Lógica divina

El cambio puede llegar, pero sólo lentamente. Los patrones del *yo primero* tan profundamente arraigados — sin mencionar nuestra naturaleza pecaminosa — no pueden ser deshechos en una noche. No nos sorprende que Jesús tuviera que dedicar un tiempo y un esfuerzo tremendos para enseñarles a sus seguidores una nueva forma de vida. Era un lenguaje curioso el que empleaba para enseñarles, casi como si invirtiera el uso común de los términos: "mío" se convertía en "tuyo", "obtener" se convertía en "dar", y "gobernante" se convertía en "siervo".

Las conversaciones de Jesús con sus discípulos se volvían confusas a veces, como cuando dos hombres tratan de hablar uno al otro en diferentes idiomas. Eso era especialmente cierto en sus interacciones con Pedro. Por duro que tratara, Pedro a menudo parecía oír mal a Jesús. Jesús dijo "reino", Pedro oyó "dominio"; Jesús dijo "mantente firme", Pedro oyó "pelea". El problema era las perspectivas conflictivas: la diferencia entre la comprensión humana y la sabiduría divina.

Marcos 8 ilustra eso claramente. Jesús acababa de decir a sus discípulos que Él tendría que sufrir y morir: había atacado las estructuras del poder y ahora tenía que pagar las consecuencias. Pedro se ofendió. Reprendió al Hijo de Dios diciéndole en palabras vehementes que tal línea de conducta sería un desperdicio de sabiduría, vida y autoridad. Sin duda Jesús no permitiría que el evangelio terminara con la nota vergonzosa de una lápida.

Ese diálogo revela a Pedro como un hombre valeroso: No es un asunto de poca importancia confrontar al Hijo de Dios. Pero su valor, como Jesús bien sabía, era más alimentado por pasión e ignorancia que por fortaleza de carácter. Imagine a Pedro, un pescador de poca categoría que conseguía un escaso sustento en el Mar de Galilea. Intenso en energía, pero insuficiente en sueños. Por temperamento, impulsivo, ¿pero para qué? Y entonces llegó Jesús. De repente se transformó el mundo de Pedro, su vida. Al fin tenía un propósito tan grande como su pasión. Después de todo, no era un simple jugador de las ligas menores a quien Pedro se había unido. Era Dios mismo. Ya Pedro no pescaba más en un pequeño estanque. Era el brazo derecho de un obrador de milagros, un radical, un revolucionario. Pedro estaba absolutamente seguro de que había unido su suerte a un hombre que cambiaría el mundo. Pedro no sabía exactamente cómo Jesús lo haría, pero estaba seguro de que Jesús tenía un gran plan, e igualmente seguro de que una muerte prematura *no* formaba parte de él. Tales palabras eran tonterías. Alguien *tenía* que hacer volver a Jesús al camino.

La reacción de Jesús debe de haber sorprendido a Pedro. Sus palabras penetraron rápidamente, con un fuego que abrasó el corazón de Pedro: Él lo llamó Satanás, el mismísimo enemigo. En las palabras de Jesús uno percibe tanto frustración como cansancio. Por años Jesús había tratado de enseñarles a sus discípulos que la actitud del *yo primero* no era la senda hacia la vida. "Yo he venido a servir", les había dicho una y otra vez. "No he venido a mover las palancas del poder o a reducir a otros a marionetas por una causa, sino para entregarme a mí mismo." Toda su vida fue una muestra de servicio, abnegación y amor. Su muerte iba a ser el máximo ejemplo de amor a otros y quería que sus discípulos lo entendieran, especialmente Pedro, su brazo derecho.

Pero Pedro, como los demás y como nosotros, estaba todavía concentrado en su propia agenda. Él quería lo que Jesús quería siempre y cuando no le costara su actitud mental del *yo primero*. A pesar de los esfuerzos de Jesús, Pedro estaba todavía enraizado en el sistema mundanal de valores: poder, promoción y privilegio. Cuando Jesús dijo que Él tenía que morir para servir a otros, a Pedro no le importaba un ápice el plan redentor de Dios. Él podía sentir sólo el dolor en su corazón, el vacío de perder su propósito y su Amigo en un rápido golpe. Sus intereses, no los de Dios, estaban en el centro de su preocupación.

La conducta de Pedro muestra la tenacidad de la actitud mental del *yo primero*. No es un simple virus relacional, un ligero desajuste psicológico o una consecuencia de poca monta de paternidad imperfecta. No se puede tomar una píldora para eso, ni resolverlo en consejería, ni escaparse a través de *biofeedback*. Jesús nos dijo que es una enfermedad que viene del infierno, profundamente arraigada en el corazón humano. Sin medidas radicales, sacará la satisfacción de nuestra vida y nos costará nuestra alma por la eternidad.

Y la única medida lo bastante radical es la muerte. La muerte al yo. Hay que crucificar la actitud mental del *yo primero*. Si alguno quiere venir en pos de mí, Jesús afirmó una y otra vez, debe negarse a sí mismo, tomar su cruz y perder su vida. ¿Qué significa tal muerte? Que demos nuestra vida voluntariamente en amor y servicio a Dios y a los demás.

Pero a estas alturas hay un giro, una rotación de la lógica, otra paradoja divina. Esta muerte al yo — este dar, esta vida de servicio — nos hace caer exactamente en medio de lo que más deseamos: profunda satisfacción personal. El primero en darme esa información radical fue uno de mis profesores en la universidad. "La satisfacción — decía con su fuerte acento francés — nunca vendrá a través de la satisfacción de los deseos propios." Puedo recordar estar sentado en el aula, bañado en un sudor frío. Sus palabras contradecían todo lo que yo había aprendido previamente. "Si quieres vivir de veras, entonces entrégate a Dios y a otros. Dedícate al servicio fiel y humilde, y descubrirás el gozo."

¡Presta atención, Pedro!

Es un mensaje que somos lentos para entender. Pedro y los otros discípulos nunca lo entendieron completamente hasta que Jesús murió. Pero eso no impidió que Jesús subrayara fuertemente su tema favorito. En realidad, durante su última cena con sus discípulos, les enseñó quizás sus más grandes lecciones objetivas acerca de la importancia de servir a otros en amor. Los personajes principales del drama son, una vez más, Jesús y Pedro. El escenario es el aposento alto, donde Jesús reúne a los discípulos para compartir la cena de la Pascua. Uno por uno los discípulos llegan al aposento alto. Cada uno observa que nadie está a la puerta para lavarle los pies sucios, como era la costumbre de aquel tiempo. Pies sucios y mesas bajas eran una mala combinación; cualquier persona con amor propio que daba un banquete tendría un siervo presente para ejecutar la tarea. Al entrar los discípulos, se preguntaban qué harían. ¿Quién les lavaría los pies? ¿Por qué no hizo Jesús los arreglos para que lo hiciera una de las mujeres que lo seguían? Ninguno de ellos está dispuesto a dignarse a realizar la tarea. Quizá ni siquiera les pasó por la mente.

De todas maneras, se sentaron finalmente a la mesa, con los pies sin lavar. Mientras se servía la cena, surgió una discusión con relación a quién de ellos era el más grande. El corazón de Jesús se quebranta. Sus seguidores más cercanos discuten acerca de la grandeza con los pies sucios. Buscan el honor sin habérselo ganado. ¿Es que no hay ninguno, se pregunta, que servirá a un hermano? ¿Es el amor que ellos han aprendido tan miope y egoísta?

Mientras Jesús se quita su túnica y se ciñe la toalla del siervo, ¿qué es lo que siente? ¿Angustia, pesar, tristeza? ¿Es que acaso lava los pies de sus discípulos con sus propias lágrimas? Jesús ha empleado todo su ministerio tratando de desarrollar en ellos actitudes de humildad y servicio y ahora, en esta última reunión antes de su muerte, nadie está dispuesto a ejecutar el más pequeño acto de amor. Discuten acerca de la grandeza y parecen no tener idea de lo que significa.

Jesús se mueve de un discípulo al siguiente, lavándole y secándole los pies. Al fin comienza a lavarle los pies a Pedro. Hay, como puede esperarse, chispas de malentendido. Pedro, agitado, le dice: "No, Jesús, tú nunca me lavarás los pies." Deplora la idea de que el Hijo de Dios tenga jamás que rebajarse tanto. La respuesta de Jesús recalca una vez más la importancia del servicio: "A menos que te lave, no tienes parte conmigo." A lo que Pedro, en su típico estilo extremista, responde: "Entonces lávame completo."

¡Ay, Pedro! Puedo imaginar a Jesús agarrándolo por los hombros y sacudiéndolo. "Presta atención, Pedro. Escucha — escucha al menos esta vez — lo que estoy tratando de decirte. Mira mis manos, Pedro. Observa lo que están haciendo. Permite que el significado de esta lección penetre dentro de cada poro de tu piel y toque tu corazón con entendimiento. A menos que entiendas el significado de esta lección, no puedes ser mi seguidor; no desempeñarás ningún papel en mi plan redentor. Debes aprender a ser un siervo, Pedro. Un siervo."

Jesús debe de haberse preguntado qué tendría que hacer para que sus seguidores pudieran comprender. ¿Qué los llevaría al momento de acción? ¿Hasta dónde tendría que ir para demostrarles la vida de servicio? Sus acciones siguientes revelan exactamente hasta qué punto estaba dispuesto a llegar. Tomó el pan y lo partió, diciendo: "Este es mi cuerpo que es partido por ustedes." Y después tomó el vino y dijo: "Esta es mi sangre que derramo por ustedes."

En algunas horas, en su acto supremo de servicio, moriría en la cruz. Los clavos, esperaba Él, harían llegar su mensaje hasta lo más vivo.

———————

Angie Garber en una reserva de navajos

Uno ni siquiera siente que es un siervo de alguien, si lo ama.
Angie Garber

Detrás de la casa de Angie Garber, al otro lado del patio de recreo de la Misión de los Hermanos a los Navajos en Nuevo México, hay un cementerio. En medio de un páramo, las flores atraen la atención. No es tanto la sorpresa — las inesperadas pinceladas de color en el polvo oscuro — sino el sentido de progresión.

Cerca del frente del cementerio, el suelo recientemente removido, hay una cierta belleza: el jardín triste y brillante de alguien. Algunas décadas más hacia adentro, la brillantez se opaca: las flores son menos, mayormente plásticas, y las tumbas menos notables. Llega un punto en el que hay sólo indicios: una cruz astillada, una o dos letras en una lápida rota, el cadáver de una flor. La fusión es sutil y delicada, pero innegable. Tumbas, flores, memorias: todo esfumándose, polvo al polvo.

Precisamente ayer enterraron a otro navajo aquí. Angie lo sabe; ella siempre puede escuchar los lamentos desesperanzados. Esta tierra, la tierra sagrada de los navajos, no tiene misericordia.

———

Es una mañana cerca de Navidad. Angie Garber está en su camioneta azul, un "L'il Rambler" de Datsun, levantando un penacho gris-naranja a través del desierto. Ella está, dice, haciendo lo que más le gusta. Mientras va señalando los hogares de los navajos, muchos de los cuales todavía viven en *hogans*, (casas hechas de lodo, arcilla y troncos), está cantando: *No puede el mundo ser mi hogar, no puede el mundo ser mi hogar. En gloria tengo mi mansión* ... Interrumpe su canción señalando con un dedo al horizonte. "Allí es donde vive un viejo curandero — dice —. Él quiere que yo vaya a visitarlo alguna vez para intercambiar experiencias."

Angie Garber, cerca de los ochenta años de edad, es una mujer que tiene mucho que contar. Hija de un granjero de Iowa, permaneció en casa hasta que era mayor para cuidar de su madre que padecía de inestabilidad mental. En lugar de ir a la universidad, dice, se enfermó de polio. Nunca se ha casado. A la edad de treinta ocho años, mientras asistía a un seminario en Indiana, le pidieron que enseñara en una misión de una reserva de los indios navajos en Nuevo México. Como no tenía más nada que hacer, y había leído a James Fenimore Cooper cuando era niña, decidió ir.

Durante más de cuatro décadas, ha vivido en una pequeña casa blanquecina de tres cuartos: una combinación de cocina y sala (no lo bastante grande para un sofá), un dormitorio apenas lo bastante grande para una cama individual, y un baño. Tiene un refrigerador Norge de lujo que suena como una pequeña avioneta. Ella tiene sus lujos, dice. Un pequeño órgano para tocar himnos, un radio AM-FM portátil con una bocina rota para escuchar a J. Vernon McGee y, en el patio de enfrente, un pequeño estanque con peces de colores. En honor a sus cuarenta años de servicio en la reserva, le dieron hace poco un televisor, el primero que ha poseído.

Su punto central en la vida nunca han sido las cosas. "No quiero simplemente tener cosas — dice —. Cuando uno ama las cosas, usa a las personas. No me preocupo acerca de obtener cosas para mi casa. Tengo lo suficiente, más que suficiente. La Biblia dice que con alimento y vestido estemos satisfechos." Y, añade con una risa, un poco de gasolina para su camioneta incluida como un extra.

Ella está, la mayor parte del tiempo, aislada del mundo. La indicación más cercana de civilización es el pueblo de Cuba, una pequeña aldea junto a la Interestatal 44 a unos cincuenta kilómetros de la misión. Hay una estación de gasolina que regala una ducha cada vez que uno llena el tanque de gasolina.

Mientras su camioneta se desliza sobre caminos polvorientos pasando por torcidos enebros y piñones nudosos y medio secos, no se queja. Hay una inflamación ocasional de artritis y, de cuando en cuando, su espalda "le falla", pero no es nada serio.

Pero Angie no deja de tener preocupaciones, por ejemplo, el lodo que bloquea el camino enfrente de ella. "Hay una mujer que vive allá atrás a la que no he visto por algún tiempo — dice, acelerando fuertemente el motor de su camioneta —. Quiero estar segura de que está bien." Lanzando lodo, Angie rápidamente pasa a contar otra historia, un chiste acerca de los navajos que viven en la luna. "Cuando llegue el hombre blanco — dice la culminación del chiste —, no le des ninguna tierra."

Angie tiene esa clase de risa. Contagiosa, que vibra con sus palabras, y en su centro, tocada con inflexiones de aflicción. No es una vida fácil la que Dios ha escogido para ella. Y ella, una mujer que usa gorras muy adornadas y que llora durante los himnos, no es una hermana falta de resolución. Casi por necesidad, es una mujer de carácter: persigue a los perros con la escoba, arranca su camioneta sacando el embrague, y se mantiene firme en sus opiniones.

"Cuando llegué aquí para servir — dice —, pensaba que este era el lugar más desolado del mundo. Lo llamaba un desierto."

Ahora, con su camioneta salpicada de lodo fresco, lo llama un oasis. La mujer a quien ha venido a ver, viuda y sola, está bien. Corre hacia Angie, la abraza, y la llama una hermana en Cristo.

Al lado del fuego, Angie se sienta en un *hogan*, a leer la Biblia en navajo: un ritmo antiguo, métrico, casi hipnótico, llena la habitación. Es la historia de Navidad.

Angie se ha detenido aquí con algunos alimentos y ropa. Afuera el viento aguijonea, con punzantes nieve y arena, y entra silbando por las grietas en las paredes. Adentro llora un bebé y un radio Panasonic vibra con la voz del mundo. Algo acerca de la gloria del amor.

No hay mucho en esta casa de una sola habitación: una mesa (una tabla sostenida por cajones de leche), una cama (una cama plegable con una colchoneta y muelles rotos), sartenes y ropas diseminadas, y un pequeño perro cojo, de color pardo. Encima de todo eso, un calendario de la tienda *Montoya's Dry Goods* con un cuadro de una montaña cubierta de nieve, todo en azul, apacible y perfecto.

Mientras Angie deja de leer para tratar de aquietar al bebé, una mujer navajo, con un rostro tan surcado como la tierra, escucha sentada, quietamente soportando un corazón enfermo. Su esposo, sentado cerca de ella, lee un folleto, una especie de tiras cómicas, inclinado hacia atrás de manera casi cómica en su silla. Angie ha estado aquí antes. Ella sabe que la familia no está realmente interesada en lo que ella tiene que decir.

Salvo que suceda algún cambio milagroso, la mujer pronto morirá y el esposo quedará, desesperanzado, para criar solo a sus hijos.

Si Angie ha aprendido algo, es que esta es una tierra dura y sin esperanza. Y es la tierra misma, quizás, la que provee las raíces para entender a los navajos. A primera vista, la tierra es un páramo: sedienta, nunca domada y solitaria hasta los huesos. Pero en lo más profundo, grabado en las tumbas ancestrales y en las tormentas repentinas que barren el desierto con fuego y lluvia, hay un misterio, una sensación de lo que sólo puede permanecer sobreentendido. Angie dice: "Hay algo acerca de esta tierra que lo atrae y lo retiene a uno."

Pregúntele a un navajo por qué permanece en la reserva y la respuesta casi siempre será: "Somos indios navajos. Esta es nuestra tierra." Han vivido aquí por siempre.

Para el navajo, la tierra es sagrada, el regalo de Dios. La tierra, sin embargo, ofrece muy poco. Hay pocos trabajos. La mayoría de los navajos reciben ayuda del gobierno de los Estados Unidos para vivir.

Es una tierra atrapada entre dos mundos y un escenario volátil de paradojas: un apego a la historia y una necesidad de un futuro, orgullo y circunstancias debilitantes, independencia y sujeción. Apacible por naturaleza, el navajo vive en un mundo intranquilo de confusión y aburrimiento. Ha habido una filtración gradual del "mundo" dentro de la comunidad navajo, a la vez que los valores tradicionales, menguando lentamente, permanecen fuertes. Esos conflictos han creado vacíos y una pérdida de la identidad. El abuso de la bebida y de las drogas en la reserva está a niveles epidémicos. Se han infiltrado muchas religiones, desde los testigos de Jehová hasta el culto de drogas de peyote. En la confusión de valores competitivos, la verdad ha llegado a ser difícil de discernir.

Hasta el amor tiene sus límites. La vida de servicio, dice Angie, no contiene garantías. Durante las décadas que ha permanecido en la reserva, Angie ha visto a pocas personas, relativamente, desarrollar una relación con Jesucristo que transforme su vida. Se han establecido tres iglesias pequeñas, pero, aun en tierra tan santa, es casi imposible distinguir entre la fe sincera y las palabras vacías. Dice Angie: "No creo que nadie *realmente* sepa cuántos convertidos genuinos hay aquí."

En ese medio ambiente, Angie ha aprendido que el valor y el propósito personal debe fluir exclusivamente de una relación con Jesucristo. "Uno tiene que mantener sus ojos en el Señor; simplemente no se puede empezar a apartar la mirada. El gozo de uno tiene que venir del Señor. La cuestión no es cuántas personas llegan a conocer al Señor; la cuestión principal es: ¿Estás dedicada de todo corazón al Señor? Si uno no amara al Señor, uno no podría trabajar o servir aquí."

Ella ha aprendido que el amor no es realmente amor a menos que sea incondicional. Debe fluir de un sentimiento de gratitud y no de una necesidad personal. El amor requiere mucho: precisamente, lo requiere todo.

Esa es la razón por la cual casi todas las mañanas durante más de treinta años — interrumpidas sólo cuando la lluvia barre los caminos o cuando le falla su espalda — se sube a su camioneta, saca el embrague, y hace sus "visitas" a las personas a quienes ha llegado a amar. Ya ella no se considera a sí misma como una misionera a este pueblo. Prefiere que la llamen su amiga.

"He estado aquí tanto tiempo — dice Angie — que puedo hablarles a los niños acerca de sus abuelos. Ellos saben que mi intención es quedarme aquí. Si uno vive aquí por largo tiempo, significa que ha compartido sus penas y sus gozos. Ha compartido la vida junto con ellos."

Si suena extraño, eterno o noble, es el concepto equivocado. Mayormente, es rutinario, despreocupado o doloroso. Hoy mientras conduce, Angie pasa por una casa en ruinas. Cuenta la historia de un pequeño niño navajo, a quien enseñó durante sus primeros años en la reserva. El niño, si es que se atreve a pretender tal cosa, era uno de sus favoritos. Era pequeño y frágil y se apegaba a Angie. Desde muy temprano, afirmaba conocer al Señor. Angie continuó en contacto con él durante los años de escuela, su matrimonio y su primer hijo. Entonces su esposa comenzó a beber y finalmente murió en el estupor de una borrachera. Abrumado con la pérdida de su esposa, el joven comenzó a beber y todavía continúa. Ahora vive con otra mujer.

Angie pudiera contar historia tras historia. El amor implica tristeza. "El único corazón que puede amar — dice ella —, es el que está quebrantado. Uno no tendría mucho amor si no pudiera compartir las aflicciones."

Pero, a pesar del dolor, Angie ha encontrado que a lo único que vale la pena dedicar su vida es al amor. "Cristo dice que amemos — dice Angie —. Esa es la gran cosa que quiere que hagamos. Si uno ama a alguien, entonces va a ser una bendición para él. Uno ni siquiera siente que es un siervo de alguien, si lo ama. Es realmente importante preocuparse por ellos y *mostrarles* que uno se preocupa por ellos. Entonces le atenderán, le escucharán."

Hay por lo menos una cosa más acerca del amor, dice Angie. Es decir, acerca del amor que se derrama en sacrificio. Está lleno de sorpresas.

"Se recibe tanto en recompensa — dice Angie, saltando del asiento de su camioneta una vez más —. Cuando uno ama a otros, la gente lo recibe como si fuera uno de ellos mismos. Uno siempre se siente especial cuando es amado. Lo mejor acerca del amor es saber que el Señor está obrando en uno. La gente no lo ama por lo maravilloso que uno es; lo ama porque pertenece al Señor. Ellos pueden verle a Él en uno."

Angie, encorvada por el viento frío y por los muchos años, se abre camino a través de una cerca para entrar a un jardín. Perfilado contra un cielo oscuro, un hombre llamado Ben, su rostro velado por la sombra de un sombrero de ala ancha, está trabajando en el suelo congelado. Faltan sólo unos meses para la primavera. Si hay algo que un navajo conoce bien es la tierra; un buen jardín depende de una buena preparación.

Juntos, retroceden a un portal lleno de sus colecciones: flores secas, huesos y rocas ... cosas que significan mucho para él, recuerdos antiguos. Mientras una tetera silba en la distancia, Angie comienza a leer su Biblia en navajo. Se detiene en medio de un versículo y comenta: "Dice que Jesús es el que descendió. ¿Te has detenido alguna vez a pensar en lo que eso significa?" El hombre asiente con la cabeza y Angie continúa: "No podemos realmente entender lo que significa que Jesús descendió y mostró su amor por nosotros."

Ben es viejo; su rostro está marcado por los efectos de la tristeza, las semillas del carácter. Sonríe ligeramente. Su vida, dice Angie, ha sido transformada por el amor de Dios. Hace sólo algunos años, después de haber cumplido tiempo en la prisión por asesinar a su esposa, entabló una relación personal con Jesucristo.

"No puedo entender esa clase de amor", dice Ben, sacudiendo la cabeza. Angie, como lo ha hecho por más de cuatro décadas en este páramo desierto, continúa en la Palabra de Dios.

CAPÍTULO 5

LA HUMILDAD

La ley del más fuerte

Se humilló a sí mismo.

Filipenses 2:8

Tome diez gallinas. Cualquier clase de gallinas. Póngalas juntas en un corral y esparza un poco de alimento para gallinas. En pocos momentos, usted será testigo de un fenómeno asombroso. En cuestión de minutos, las gallinas, extrañas previamente, formarán una jerarquía basada en el predominio; o, en lenguaje cotidiano, establecerán la ley del más fuerte. Instintivamente determinarán, a través de una serie de refriegas, quien va a ser la gallina número uno; después la número dos, la número tres, y sucesivamente descenderán hasta llegar a la desafortunada gallina número diez.

Mucho está en juego en esta danza del dominio. La gallina número uno picotea e intimida a la gallina número dos, sin experimentar ninguna clase de retribución de la gallina número dos. La gallina número dos lo tolerará de la gallina número uno, pero se volverá y echará a picotazos a la gallina número tres, quien, a su vez, volcará su frustración contra la gallina número cuatro. La ley del más fuerte continúa descendiendo hacia la gallina número diez, quien, huelga decir, tiene una vida bastante desdichada: picoteada, pero sin tener a nadie a quien picotear.

Hace poco me invitaron a un almuerzo de reconocimiento para el presidente de un banco. No es algo que normalmente hago, pero ese hombre había estado asistiendo a nuestra iglesia durante varios meses y me alegré de tener la oportunidad de conocerlo mejor. Al salir de mi auto, me felicité a mí mismo por acordarme de traer una chaqueta deportiva. Pero esa sensación de orgullo duró muy poco. Todos los demás hombres en la sala del banquete vestían completo atuendo de etiqueta: trajes oscuros, camisas blancas almidonadas, gemelos de oro y corbatas rojas. Cuando pasaron la mantequilla, hubiera podido ser un anuncio de Rolex.

Yo estaba sentado en una mesa con otros nueve hombres, todos invitados del banco y extraños para mí. Rápidamente comenzó una conversación. La charla, la mayor parte del tiempo, se concentró en los siguientes asuntos: *dónde* trabajábamos, *cuánto* ganaba nuestra compañía y *cuántas* personas trabajaban para nosotros. En un sentido, estábamos escarbando el suelo, exhibiendo nuestro plumaje. Poco importaba el hecho de que el piso no era de tierra sino de alfombra afelpada, y que en lugar de plumas, había el desfile de trajes símbolos de poder y el brillo de los quilates. No había ninguna duda: estábamos investigándonos los unos a los otros, pavoneando y cacareando, tratando de averiguar en qué posición estaba cada uno. La ley del más fuerte.

Veinte minutos más tarde, vestido con mi chaqueta deportiva y mi reloj Timex, me sentí seguro de que conocía mi puesto. No era necesario un Einstein para calcular quién era la gallina número diez.

Sería tentador descartar el suceso como una anomalía, reclamar que la ley del más fuerte pertenece a unos pocos exclusivos. Pero usted y yo sabemos que no es así. Esa clase de suceso acontece dondequiera: en eventos deportivos, fiestas, reuniones de clases, picnics familiares. En la iglesia. En un almuerzo reciente en una conferencia de pastores, la mayor parte de la conversación giró alrededor de tres preguntas: *¿Cuántas* personas asisten a su iglesia? *¿Cuál* es la extensión de su presupuesto? *¿Qué* tamaño tiene su plantilla de personal? Hasta los pastores tratan de establecer la ley del más fuerte. En realidad, nadie es inmune a la enfermedad. Casi todos nosotros miramos las profesiones de otras personas, su educación, su vestuario, sus autos, sus casas, y tratamos de calcular donde encajan en la ley del más fuerte. Nos calibramos unos a otros contando cuidadosamente.

Puede parecer inofensivo. "Es un pequeño juego inocente — dice uno —. ¿Qué importa?" Pero sí importa. Hay algo implicado aquí que circula en lo profundo de cada corazón humano, y no tiene nada que ver con la inocencia. No es simplemente un jueguito mental. Para la mayoría de nosotros, desarrollar subconscientemente una ley del más fuerte y calcular donde encajamos es una cuestión seria y peligroso que afecta radicalmente la manera en que nos relacionamos con otros. Para cada uno de nosotros, la tendencia natural en la ley del más fuerte es tratar a los que están por encima de nosotros con admiración, cordialidad y honor (aun cuando secretamente podemos tenerles envidia y hasta despreciarlos). A los que están por debajo de nosotros, tendemos a tratarlos con insensibilidad, crueldad y aun con desprecio.

Es comprensible. La ley del más fuerte provee cierto orden a nuestra vida. En un mundo lleno de caos, hay una sensación de bienestar al saber donde encajamos. Cuando conocemos la estructura, sabemos cuándo y dónde escoger nuestras peleas. Sabemos cuándo se aceptará un picotazo — se tragará el sufrimiento con quieta dignidad — y cuándo debemos ejercer nuestros derechos y devolver los picotazos ligeramente más fuerte.

Encontramos las clasificaciones muy convenientes, porque ellas nos proveen con indicios: empleado de oficina/obrero de fábrica; administración/mano de obra; clase media/clase baja; graduado universitario/desertor de la escuela secundaria. Prestamos atención a los títulos y a los números y a otras informaciones secretas. Buscamos joyas y ornamentos en el capó y ropas de diseño exclusivo. Esta información nos ayuda a identificar a otras personas, y a nosotros mismos. Una vez que conocemos la jerarquía de la ley del más fuerte, sabemos qué se espera de nosotros.

Simplemente es así

En su forma más impresionante, la ley del más fuerte es un cuadro digno de contemplar. Recientemente fui a hablar en una conferencia y vi a Martina Navratilova entrar al hotel donde se celebraba la conferencia. Había que ver las puertas abriéndose repentinamente delante de ella, las filas frente a los elevadores permitiéndola pasar, el anfitrión del restaurante sentándola inmediatamente.

Hace algunos años, mi esposa y yo asistimos a una comida donde el invitado de honor era Henry Kissinger. Era asombroso ver el respeto que el hombre imponía. Cuando tomaba un panecillo, un montón de manos se lanzaban a alcanzarle la mantequillera, rivalizando por el servicio de pasársela a él. Esa clase de conducta parece instintiva. Navratilova y Kissinger son registrados por la ley del más fuerte como "gente importante". Es natural que les debamos respeto. Así es simplemente la manera en que funciona. Cuando el presidente de la compañía pide un favor, lo conseguirá. Cuando el VIP, el propietario o la superestrella se acerca a nosotros, reflexivamente los tratamos con preferencia. Se necesita poco menos que un chasquear los dedos para que saltemos a la acción.

¿Pero qué sucede cuando el conserje de nuestra compañía quiere cinco minutos de nuestro tiempo? ¿O la madre soltera del apartamento de al lado nos pide un pequeño favor, otra vez? ¿O el adolescente que nos corta el césped nos pide un consejo? ¿Cómo reaccionamos? Depende de nuestro estado de ánimo, quizás, o de cuántas veces nos lo han pedido antes. La ley del más fuerte nos da esa clase de flexibilidad. Las personas que están "debajo de nosotros" profesionalmente, económicamente, en la moda que usan, en la casa o el talento que poseen, en lo que sea . . . bostezamos y decimos: "Eres tú *sólamente.*" El honor es opcional. Mostramos interés sólo si nos sentimos inspirados. A menudo hacemos cálculos en nuestra mente: ¿valdrá la pena que gaste mi tiempo, mi dinero o mi esfuerzo?

Es simplemente la manera en que funciona el sistema. La ley del más fuerte no aparenta que no tiene prejuicio; no se molesta con preguntas de si está bien o mal. Simplemente es así. Como un gobernante con autoridad incuestionable, la ley del más fuerte no se interesa por alternativas. Si uno quiere vivir en este mundo, entonces tiene que vivir según sus reglas. Para bien o para mal, simplemente es la manera en que el sistema funciona.

Pretensión contra humildad

En toda la historia, nadie fue un candidato más calificado para la ley del más fuerte que Jesucristo. Piénselo. Era el propietario y había creado *todas las cosas* y *todos los seres humanos.* Todos los

Rolexes, todos los Porsches, todos los ejecutivos principales y conjunto de rock, todas las mansiones, todo el poder y la autoridad, toda la sabiduría. Hubiera podido escoger cualquier carrera — negocios, política, deportes, medicina — y haber sido una figura principal. Tenía el material necesario. El puesto número uno en la jerarquía de la ley del más fuerte era suyo si lo quería: el número uno de todos los números uno, la quintaesencia del Rey del Mundo.

Pero Jesucristo aborrecía la ley del más fuerte. En realidad, empleó su ministerio completo en destrozar sus fundamentos. Se aprovechó de cada oportunidad para poner al revés la ley del más fuerte. A los que habían alcanzado la cima — los líderes religiosos de Israel — los abrasaba a menudo con sus palabras de crítica acerba. Los llamó hipócritas, sepulcros blanqueados, víboras. Los acusó de robar a las viudas, de estar llenos de huesos de muertos, y para decirlo sin rodeos, de adorarse a sí mismos. En una nación sometida a otro poder político y carente de superestrellas, los líderes religiosos eran, quizás, las personas más importantes, poderosas y respetadas en Israel — los VIPs — dignos, creían ellos, de gran honor. Sin embargo, Jesús los menospreciaba. Desdeñaba la ley del más fuerte.

El problema, decía Jesús, era un asunto de enfoque. Los líderes religiosos enfocaban las apariencias: cómo lucían ante otros por fuera. Esa es la razón por la cual les encantaban sus impresionantes rituales de oración. Y sus entradas especiales a los mejores asientos en la sinagoga. Por eso amaban sus túnicas de Neiman Marcus y la manera en que la gente común los contemplaba. Al edificar una montaña de apariencias, formaron una pared de separación. Usaban sus títulos y borlas como recordatorios visibles de que, en la disposición de las cosas, había una diferencia entre "nosotros" y "ellos". Y, claramente, "nosotros" era mejor que "ellos". Miraban la vida desde una perspectiva de pretensión.

No es de sorprenderse que cuando Jesús y los líderes religiosos se encontraban, las chispas volaban. Jesús no tenía necesidad de apariencias. En realidad, Él se había despojado voluntariamente de todas ellas: sus títulos como dueño y creador, su posición a la diestra del trono de Dios, y el honor de recibir la alabanza del universo. Por causa del amor y para derribar las paredes de separación, Jesús se desvistió de las apariencias y vino a ser tan sin pretensiones como un bebé desnudo nacido en un establo.

La perspectiva de Jesús estaba moldeada por un profundo sentido de humildad. Era una clase de humildad que a nadie se le había exigido; Jesús, como Dios, claramente merecía sus títulos, posición y alabanza. Pero como hemos visto, Jesús "no estimó el ser igual a Dios como cosa a que aferrarse". Él quería, en cambio, relacionarse con el hombre en un nivel igual. En tanto que los líderes religiosos de su día se deleitaban en la separación entre ellos y "la gente común", Jesús buscaba derribar las barreras, aun las barreras impuestas por sus derechos divinos. La humildad estaba en el centro de su filosofía. No pocas veces usó su poder para los impotentes, mostró amor a los desamparados y sirvió a los que no tenían ninguna posibilidad de corresponder el favor. Con constancia característica rechazó repetidamente la ley del más fuerte que se basaba en una respuesta condicional.

Aun en nuestro mundo

Jesús dijo con su vida, palabras y acciones que la ley del más fuerte no sólo es inherentemente imperfecta, sino que, en algunos aspectos, es una definición funcional del mal. A través de la humildad, Él trataba de desconcertar todo el sistema depravado. Si leemos los evangelios con cuidado, casi podemos ver a Jesús *buscando* oportunidades para provocar problemas. Decía: "Ustedes serán grandes en mi presencia cuando demuestren una vida de servicio a los más pequeños a su alrededor. Ustedes serán grandes en mi presencia cuando sirvan, honren y respeten a los más pequeños de los pequeños." Él hablaba de visitar a los que están en prisión, invitar a los huérfanos y viudas a los banquetes, cuidar de los ancianos, de los ciegos y de los enfermos. Y después respaldaba sus palabras con la acción: sanando leprosos, alimentando a los hambrientos y dando fiestas, en lenguaje contemporáneo, para "la escoria de la tierra". Él amaba al peor de los pecadores.

Su enfoque, no pocas veces, estaba en las gallinas ocho, nueve y diez. Haciendo eso, Jesús desgarró las mismas fibras del sistema de valores del mundo. Él fue, sin duda alguna, el hombre más anticultural que jamás vivió sobre la faz de la tierra. Se rebeló contra el mismo sistema que proveía orden en el planeta. Jesús dolorosamente demostró que el amor era una posibilidad real, aun en un mundo sumergido en el pecado y el prejuicio.

Lo que realmente nos escandaliza es que Jesús nos pide, hoy día, que seamos tan anticulturales y rebeldes como fue Él. Quiere que traigamos humildad y servicio a nuestro mundo arruinado, torcido, lleno de competencia despiadada. Sabrán que ustedes son mis seguidores, dijo, si se aman unos a otros. No incluyó ni una nota ni una excusa que limitara nuestra responsabilidad a los que están sobre nosotros en la ley del más fuerte. Dijo que nos amáramos unos a otros. Punto. Sin calificativos adjuntos.

No fue un mandamiento insignificante.

Basta de orgullo y prejuicio

En Filipenses 2:3, Pablo escribe: "No hagan nada por ambición egoísta o presunción, sino que con humildad consideren a los demás como superiores a ustedes mismos" (NVI). La frase "con humildad" es decisiva porque provee una filosofía fundamental. Es el mismo punto desde el cual Jesús comenzó su encarnación: "Se humilló a sí mismo." Si Jesús, el Hijo de Dios, escogió la senda de la humildad, ¿cuánto más debemos escogerla nosotros? Jesús no tenía ninguna razón para humillarse; nosotros tenemos todas las razones para hacerlo.

La humildad es importante por otra razón crítica. La ley del más fuerte, desde su mismo esqueleto, está edificada sobre el orgullo y el prejuicio, en la creencia de que algunos de nosotros somos mejores que otros. La humildad es la sabiduría de saber que cada uno de nosotros, a los ojos de Dios, es lo mismo: absolutamente imperfecto, sin embargo precioso. Ninguno de nosotros, a pesar de nuestros títulos y posesiones, es digno de algo más que el infierno. Ninguno de nosotros puede elevarse a sí mismo a un estado de gracia. La misericordia redentora de Dios, por definición, es totalmente inmerecida. Sin embargo, es ofrecida gratuitamente a todos. La sangre de Cristo fue derramada por Adolfo Hitler, Madre Teresa y por mí y por usted.

Tales ideas son la raíz de la humildad. Dios nos ofreció su amor sin considerar si lo merecíamos o no; nos llama a ofrecer amor exactamente de la misma manera. O, en las palabras de Pablo, "con humildad consideren a los demás como superiores a ustedes mismos". ¿Puede usted pensar en algún concepto más opuesto a la ley del más fuerte? ¿Puede imaginar las implicaciones de aplicar verdaderamente ese concepto a la vida real?

Una revolución costosa

Las implicaciones son asombrosas. Piense acerca de la sociedad. ¿Puede imaginar qué sucedería en el mundo mercantil si todos en la compañía trataran a los demás como a un VIP? ¿Si los ejecutivos trataran a los empleados de la oficina de igual manera; si los presidentes mostraran honor y respeto a los conserjes nocturnos? Imagine un sistema político donde los políticos se preocuparan realmente por las personas a quienes gobernaban. ¿Y qué pudiera suceder a nuestro sistema educativo si todos los maestros realmente trabajaran por el bienestar de sus estudiantes?

Piense acerca de nuestros matrimonios. ¿Qué sucedería si un esposo dejara de verse a sí mismo como "la gallina número uno", que tiene el derecho de picotear a su esposa, la "gallina número dos", quien, en represalias, picotea a los hijos, al perro o al vendedor ambulante?

Puede imaginar qué sucedería si cada esposo dijera: "Mi esposa es una persona muy importante y voy a honrarla, respetarla y animarla." ¿Y si la esposa dijera lo mismo acerca del esposo?

Un amor como ese puede señalar a una persona por el resto de la vida. Si no hay otra cosa, está el impacto de la sorpresa, la sacudida reanimadora de que haya alguien considerado más alto en la ley del más fuerte que trate a uno con preferencia. Recientemente mi hermano fue a un partido de fútbol universitario. En el descanso, se detuvo cerca del túnel por donde los jugadores entran al campo de juego. Reunidos al final del túnel había un grupo de muchachos pequeños deseando ver mejor a sus héroes. Al salir los jugadores, todos pasaron corriendo, salvo un jugador, Mark Messner, un destacado jugador defensivo de Michigan. Mark se detuvo en seco por un instante, después caminó deliberadamente hacia un muchacho que estaba de pie un poco al lado del grupo. Suavemente lo levantó, lo abrazó, y le dijo algunas palabras antes de regresar al campo. ¿Puede imaginar el impacto?

Ese es un incidente aislado. Imagínese el impacto que pudiéramos dejar en la vida de las personas si todos practicáramos tratamiento preferencial para todo el mundo. Imagínese cómo podríamos agradar a Dios si hiciéramos esfuerzos extraordinarios para mostrar su amor a los menos afortunados, menos privilegiados, o menos poderosos que nosotros. Imagine la revolución que ocurriría tanto en el ámbito espiritual como en el relacional. Pero nunca sucederá a menos que la hagamos suceder. Es fácil decir: "Comenzaré a hacerlo cuando tenga más tiempo", o "después que me den la promoción", o "cuando vea a otros haciendo lo mismo". Pero el amor no funciona con excusas. El cambio ocurre sólo con acciones voluntarias. El impacto pisa los talones a la acción.

Pero no seamos muy prestos a hacer caso omiso de la realidad. Tal conducta, aunque potencialmente revolucionaria, implica un costo. Uno no puede oponerse tenazmente a algo tan poderoso como la ley del más fuerte sin que le hagan resistencia. Cualquiera que ame, que ame realmente, aprende del dolor del rechazo, del odio y de la ira. Algunas personas, especialmente las que reciben un tratamiento preferencial del sistema, no aceptan bien el concepto del amor incondicional. Pablo aprendió eso. Él pagó un alto precio por ser el autor de las palabras que hemos visto acerca de la humildad. Durante el transcurso de su vida fue golpeado, azotado, encarcelado, abandonado, traicionado. Y finalmente, martirizado.

O considere la vida de Jesucristo. Vaciándose a sí mismo de su derecho divino, humildemente descendió a la tierra. Con cada respiración, cada palabra, cada acción, desafió la ley del más fuerte. Amó incondicionalmente. Y terminó en la cumbre de una colina fuera de Jerusalén, odiado por la élite, crucificado por un sistema que Él vino a destruir, con un letrero raído colocado sobre su cabeza ensangrentada. Rey de los judíos.

Hasta allí lo llevó el amor.

Mike Singletary
en medio del caos

"Estaba atrapado dentro de mí mismo. Tenía orgullo y pen-
saba que era fuerza, pero era realmente debilidad. Llegué a
estar completamente derrotado dentro de mí. No confiaba ni
creía en mí mismo en lo absoluto, y tampoco veía la razón por
qué los demás creerían en mí."

Mike Singletary

Poco después de ganar el campeonato de fútbol americano de 1986, Mike Singletary comenzó a sentir miedo de la oscuridad. No es un chiste; él dormía con una luz encendida.

En realidad, el temor abrumó su vida. Ese era Mike Singletary, el jugador de los Osos de Chicago que habían nominado para nueve juegos de estrellas, que se había ganado el sobrenombre Samurai, el jugador defensivo lunático con Los Ojos. No era un hombre de quien alguien esperaría que fuera cobarde en ningún lugar ni en ningún momento. Pero allí estaba él, noche tras noche, amilanado por la oscuridad, la quietud.

Era el temor del juego lo que lo había quebrantado. No el fútbol americano, le advierto; había probado, a pesar de circunstancias desfavorables, que era uno de los mejores. Jugador Defensivo del Año, de hecho. Lo que temía era un juego mucho más sutil y peligroso, donde el oponente era él mismo: fiero, engañoso, y lleno de orgullo. "Realmente creía que iba a morir", dice.

Singletary conoció a Singletary, y no sabía cuál era el real. Por un lado, estaba Mike Singletary, el cristiano: diciendo las cosas correctas, un atleta estrella, cerca de Dios, exagerando las brillantes mentiras. Y por otra parte estaba Mike Singletary, el hombre en el espejo: musculoso y débil, célebre y miserable. Era el espejo distorsionado del parque de diversiones: Singletary — es decir, el real — el que no vivía a la altura de su imagen.

El pecado distorsiona. Singletary aprendió eso. Y había pecado con el cual era necesario tratar: el orgullo de creer que los logros eran suyos, la red de la hipocresía, el perjuicio de procurar vivir la vida en sus propios términos. Había esto, específicamente: durante su compromiso había sido infiel a su esposa. Tan malo como era eso— y la culpabilidad estaba casi comiéndolo vivo — él sabía que no era lo peor. A través de su fachada había traicionado a Dios. "Quería ser un cristiano en mis propios términos — dice Singletary —. Todo tenía que ser como yo quería porque yo lo merecía. Así es como pensaba."

Él sabía que tenía que hacer algo. Pero sólo había esto: una gran pared de ladrillos. El desafío no intimidaba a Singletary, nunca. Era más bien el final inevitable: Mike Singletary, despojado del orgullo, tendría que perderse a sí mismo.

Fuera de temporada tiene un sonido curioso, una distorsión de lo natural, como que la vida llega a términos manejables: ciertos tiempos son más importantes que otros. La gloria o el valor o el éxito se miden sólo en ciertos meses. No era así con Mike Singletary. Son las seis de la mañana de un martes en abril. Está despierto, sentado a la mesa en su comedor, leyendo Éxodo, capítulo 29: "Por siete días harás expiación por el altar, y lo santificarás, y será un altar santísimo: cualquiera cosa que tocare el altar, ser santificada." Una lección de constancia. Está rodeado de libros que repican con vigoroso optimismo: *Tú puedes llegar a ser la persona que deseas. Poder para vivir.* Unos minutos más tarde, su llega entrenador/terapeuta. Juntos bajan al sótano, a un cuarto que parece un club para la salud. Charlan acerca del banquete — "el mejor hasta ahora" — y Singletary concluye: "Big Al estaba realmente trayendo la Palabra."

Comienza el sudor. Hoy, está trabajando el la parte superior del cuerpo, grupos principales de músculos: encogimientos laterales, barras, presa, flexión del tronco hacia atrás. De estación en estación, ocho aparatos, tres horas, aumentando el peso. La conversación es rápida, brusca.

Presa.

— ¿Cuántos?

— Tres.

Añade más peso.

— Dame uno.

— Fácil de ganar.

La próxima estación, con la pelota de gimnasia encajada debajo de las piernas.

— Arriba, lado a lado. Deslízate un poco hacia abajo, estás halando con tus codos. Eso es, perfecto.

La próxima estación. La música sale estrepitosamente desde un radio en la esquina: *Él me liberó.* Sobre una silla está la página de deportes del día: *Los Osos tienen esperanza, escogen al jugador defensivo de la Estatal de Ohio, Alonzo Spellman.* Grande y talentoso, potencialidad no desarrollada.

— Mantenlo doble esta vez, Mike . . . 5-6-7-8. Suficiente.

— No, tengo que hacer más.

Para Singletary, esto es supervivencia. Trabajar duro — más duro que todos los demás — ha sido su boleto hacia el éxito. Siempre se ha enfrentado por lo menos con un obstáculo demás. Nacido en un vecindario pobre de Houston, el último de diez hijos, le aconsejaron a su madre que lo abortara. Sus padres se divorciaron cuando tenía doce años. A consecuencia de la pérdida considerable del oído (ya fuera de nacimiento o como resultado de trabajar en construcción pesada con su padre), a menudo tartamudeaba.

De vuelta a la presa. Más pesas.

— Dame dos.

Otras diez libras.

— Dame uno.

La próxima estación.

— Levántalo otra vez. Vamos, empújala.

Muy temprano le dijeron que nunca triunfaría en el fútbol americano. Era demasiado pequeño. Descubrió, más allá del talento físico, su corazón y su mente. Se enamoró con la obsesión. Devoraba libros de pensamiento positivo. Debes saber lo que quieres. Averigua lo que se necesita. Estudia, establece metas, trabaja, trabaja, trabaja. Concéntrate. No escuches ningún consejo que diga que "no puedes". Los sueños fueron el boleto de ida.

El sudor gotea de la barbilla de Singletary. Presta atención a los detalles de forma.

— No dejes caer la cabeza. Súbela . . . uno más.

Ganó una beca de fútbol americano para la Universidad de

Baylor. Le dijeron que tendría que esperar para jugar. En la defensa. Demasiado pequeño, realmente. A los ocho juegos de la temporada, estaba comenzando. Durante sus años segundo, tercero y cuarto era jugador de la defensa en la liga.

— Esto será el más difícil, Mike . . . Dame tres.

Más pesas.

— Una más.

Los Osos de Chicago intercambiaron selecciones de segunda vuelta para reclutar a Singletary. A pesar de una brillante carrera universitaria había algunas reservas. Seis pies parado en la punta de los dedos; cien kilos mojado. Ni siquiera las medidas de un gran jugador defensivo. ¿Cómo se pesa el tamaño del corazón? Y ahora, después de once años en su carrera, nueve *Pro Bowls* seguidos, Jugador Defensivo del Año, Hombre del Año de la NFL, más de ciento cincuenta salidas, mil trescientos atajos, ochocientos atajos solo, y sólo dos salidas perdidas en toda su carrera.

La próxima estación. Más repeticiones. Gruñidos, dolor.

— ¿Oíste algo crujir? — pregunta.

El entrenador contesta que no con la cabeza.

— Bueno, no fui yo.

Se une a la música de Alabama en el fondo.

— Tal vez yo no sea más que una memoria dentro de no mucho tiempo — canta, secándose el sudor de la frente.

Singletary sabe que ya no está en la flor de la vida. Los reflejos son más lentos, envejecimiento, un hombre viejo para las normas del fútbol. Pero eso no significa que no estará a la cabeza de su juego. La grandeza sólo demandará un poquito más.

— Uno más. Empuja.

Había por lo menos un problema con el ascenso de Mike Singletary a la grandeza. Se llenó de orgullo. Dados los obstáculos, es comprensible que comenzara a confundir el don con la tenacidad. "Pensé que tenía que desarrollar una actitud de no-importa-lo-que-usted-diga-o-haga-yo-voy-a-hacerlo-de-esta-manera — dice Singletary —. No había nada que nadie pudiera decir o hacer que pudiera detenerme. Pienso que ahí fue donde entró el orgullo." Dado el éxito, es claro que Singletary llegó a ser una víctima de su propia propaganda. Creía que podía hacer cualquier cosa: poseer un negocio multimillonario, ser una estrella de cine, escribir un libro. Cualquier cosa.

Aun había encontrado una manera de influir en el Dios del Universo. Se había convencido de que todo lo que estaba haciendo era para Dios. Y que Dios tenía que estar tremendamente agredecido. De una manera distorsionada, comenzó a sentir que se había ganado cierta indulgencia de parte de Dios. Siempre podría hacer un trato. Puesto que él era Mike Singletary, el hombre que había logrado realizaciones imposibles, merecía consideración especial. Había ciertas cosas que necesitaba para permanecer vivo.

Se estaba encaminando hacia la ruina. Vivía una vida inconsecuente con su personalidad. En algunos aspectos, hablaba como Dios y hacía lo que le parecía. Los pecados se acumulaban; la culpabilidad se abalanzaba sobre él como una defensa de ciento treinta y cinco kilos a máxima velocidad. Fuera de control, podía ver la pared de ladrillos aproximándose. Juzgando por cada circunstancia externa, estaba firmemente en control, algo digno de ser admirado. Su equipo acababa de ganar el campeonato de fútbol americano. Lo habían nombrado Jugador Defensivo de la Liga. Tenía dinero. Estaba esperando su primer hijo. Con determinación y una actitud positiva, había hecho pedazos cada obstáculo imposible. Y él lentamente se estaba despedazando.

El campeonato de fútbol americano, que debía haber sido la culminación de todo aquello para lo cual tan diligentemente había trabajado, señaló el momento más bajo de su vida. "No importaba cuánto tratara de dejarme llevar, de sentirme emocionado acerca del juego — dice —, simplemente no podía. Era sencillamente otro juego para mí." Los meses que siguieron estuvieron llenos de temor. No podía dormir. No podía comer. No podía soportar la oscuridad. Las acusaciones que gritaban en el silencio. "Yo era un desastre", dice.

El problema inmediato era su relación con su esposa, Kim. Aunque había sido fiel desde su matrimonio, sentía el peso de su pecado contra ella durante su compromiso. Sabía que tenía que enfrentarlo, confesárselo y sentir el dolor de su esposa. Con todo lo difícil que era eso, había un asunto aún más profundo: la relación de Mike con Dios. Su infidelidad hacia su Creador había abierto un hueco en su alma. Su orgullo, con lo grande que era, no podía cruzar el creciente abismo. Cada vez más sentía el vacío entre lo que decía que era y lo que realmente era. Para que Dios pudiera usarlo, su orgullo tenía que estrellarse contra la pared.

Fue entonces que se dio cuenta de una realidad. "Lo que importaba no era quién era yo — dice Singletary —, sino quién es Dios." Singletary comenzó a entender que había confundido la supervivencia con la independencia. Dado los obstáculos, pensó que podía depender sólo de sí mismo. Tenía que permanecer en control. Y funcionó. Con cada año que pasaba, llegaba a tener cada vez más éxitos en contra de cada vez más desventajas. Si alguien tenía derecho de estar orgulloso, de sentirse seguro de sí mismo, era Mike Singletary. Pero comenzó a suceder una cosa curiosa. Con su dependencia de sí mismo, comenzó a sentirse menos confiado. "Estaba atrapado dentro de mí mismo — dice —. Estaba atrapado dentro de mí mismo. Tenía orgullo y pensaba que era fuerza, pero era realmente debilidad. Llegué a estar completamente derrotado dentro de mí. No confiaba ni creía en mí mismo en lo absoluto, y tampoco veía la razón por qué los demás creerían en mí. Cuando estaba solo, conmigo mismo, tenía miedo."

———

La luz de las últimas horas de la tarde se refleja en los vidrios de las torres del Chicago Hyatt-Regency en el color marrón-salmón de mayo. Adentro, en el gran salón de baile, con sus obligatorias estalagmitas de cristal y sus servilletas de pavo real, se está celebrando una ceremonia de condecoraciones. Más de quinientos miembros de la Asociación Administrativa de Illinois se han reunido para homenajear a los mejores. Hay los anuncios electrónicos ceremoniosos, la algazara del reconocimiento, el trueno estático de los aplausos. Con enunciación lenta y elaborada: "El Premio de la Excelencia. Cuando diga su nombre, le ruego que pase adelante a recibir su condecoración de parte de nuestro presidente. De la compañía Barnett, Jacqueline A. Fickle; también de la Compañía Barnett, Wilma Sturgill . . ."

Para los que pertenecen, es un acontecimiento importante. Para los extraños, especialmente en esta tarde en que las nubes de primavera se deslizan, progresa hacia la monotonía. Mike Singletary está aquí. Parece un extranjero, sin embargo cómodo, en su traje negro, camisa blanca y corbata salpicada de colores. Al terminar la ceremonia de condecoraciones, se presenta al orador principal. Singletary se levanta y habla con pasión.

El sistema, dice, se está desmoronando. La avaricia y la complacencia de sí mismo están devorando los valores que una vez hicieron grande a Estados Unidos. Muchas personas están concentradas en alimentar su ego. Descuidamos a nuestros hijos muy a menudo. Con sílabas cuidadosamente medidas y entonadas, pide con inteligencia un regreso a los valores simples: trabajo en equipo, sacrificio, amor, poner a otros primero, disciplina, la regla de oro. No estamos, dice, fuera de la posibilidad de redención. Pero primero, cada uno de nosotros tiene que abandonar el juego de culpar a otros.

"Debemos sacar el espejo del armario —dice—, y pararnos frente a su reflejo por un rato. Tenemos que entender que cada uno de nosotros tiene culpa. Hasta que no hagamos eso no podremos avanzar." Una ovación en pie sigue a su discurso. Después se forma una fila de cincuenta metros de largo, y un hombre tímido firma autógrafos. Los destellos de las cámaras Vivatars le queman los ojos.

———————

Mike Singletary lo confesó todo. Confesó a su esposa y a su Dios. Era un impostor. Su esposa lloró por largo rato. Singletary sabía que había herido a las personas que más amaba. El dolor fue diferente a todos los que había conocido. Y sin embargo sabía que, mientras recibía perdón y experimentaba dolor, Dios estaba haciendo una obra en su vida. Se estaba quedando vacío de sí mismo. Su orgullo se estaba disolviendo en el ácido que es la gracia de Dios. El dolor era inmenso; la aceptación incomparablemente dulce. El hueco que quedaba, Singletary lo llenó con la sabiduría de Dios. Escribió: "Ahora Dios está llenando el vacío en mí que por tanto tiempo había estado lleno de mi ego, mi pecado, del mundo. Hasta este día no estoy completamente seguro de qué sucedió, pero sé que soy un hombre nuevo."

La humildad era la sabiduría para entender que no podía confiar en sí mismo. "Creo que lo que más he aprendido es que se puede confiar en Dios. Me he dado cuenta de que cada día es un nuevo día, una bendición de Dios. Tenemos que darnos cuenta de que, no importa quienes somos, somos débiles. No importa lo mucho que tratemos, no controlamos nada. Nada. No importa lo mucho que trate de asegurar mi futuro, podría despertarme al día siguiente con un bulto en mi pecho, ir al hospital y morir. Cuando finalmente nos damos cuenta de lo débiles que somos, entonces nos damos cuenta de lo fuerte que es Dios."

El quebrantamiento del orgullo de Singletary revolucionó su perspectiva. La vida todavía era una cuestión de hacer lo mejor que podía, pero la motivación había cambiado. Lo que Dios nos da a cada uno de nosotros — dones, posesiones, poder, dinero — es para que lo usemos cuidadosamente para su gloria. Liberado de la necesidad de alimentar un ego abrumador, fue liberado para obedecer y para servir a los demás. Por primera vez en su vida, supo quién era él en Jesucristo. Significaba que podía amar, sin compromiso. Dice que comenzó el proceso de tomar el camino descendente por causa de otros y del reino de Dios. "La movilidad descendente es el intercambio del orgullo por la vida de servicio — dice —. La humildad tiene que ser la raíz de esto."

La vida de Singletary está ahora concentrada en agradar a Dios. Sabe que lo que ha recibido no es suyo y lo usa lo mejor que puede para el reino de Dios. Toma en serio su responsabilidad. Diezma como reconocimiento de que su dinero y sus posesiones no le pertenecen. Ama a su esposa y a sus tres hijos, porque claramente ellos son sus dones más preciosos. Hace donativos a las instituciones benéficas porque reconoce la responsabilidad del cristiano hacia los pobres y los que sufren. Cuando habla en las iglesias nunca cobra, porque quiere que se sepa que el evangelio no está a la venta. Da generosamente a personas en necesidad cuando lo impulsa el Espíritu Santo. Ha recibido en su confortable hogar a los abuelos de su esposa y a su sobrina, que habían tenido problemas. Se detiene a recoger a un extraño a quien se le ha roto el auto. Sin embargo, no se dice nada de esto para que Singletary se enorgullezca. Ya está harto del orgullo.

Eso no quiere decir que nunca tiene luchas. Como uno de los jugadores dominantes de la Liga Nacional de Fútbol, gana buen dinero, tiene una hermosa casa, lindos autos y buena ropa. ¿Cómo serán afectados los valores de sus hijos? Es una lucha constante encontrar el equilibrio entre en el exceso y la necesidad. "Mientras que no acaparemos lo que tenemos y estemos dispuestos a entregarlo — dice —, entonces me parece que estas cosas no son un problema." Pero aun así se preocupa. Y constantemente busca otras maneras de usar sus recursos — ya sea dinero, talentos o posición — para tener una mayor influencia para Cristo. Está constantemente consciente de todo lo que está en juego.

Y, de cuando en cuando, recibirá una punzada de orgullo. Ha desarrollado una técnica para tratar con eso. "Cada vez que alguien me alaba, transfiero esa alabanza inmediatamente al Señor. Le doy gracias a Él, porque es Él que me ha dado la habilidad para hacer lo que hago. De esa manera, la alabanza nunca se detiene en mí; es simplemente un continuo fluir. La uso como una oportunidad para recordarme de dónde viene la verdadera fortaleza, No es de mí. Es de Dios."

Hay la energía. Cientos de adolescentes, la clase de caos de vidas sin gobierno atrapadas en la tensión. La presión, las preguntas que vienen al foco de atención, la pelea interna del niño-adulto. Mike Singletary está en la iglesia.

Él sabe que esto no es algo que se hace para llenar el tiempo. No habrá ninguna carga futbolística que él haga que lleve una fuerza mayor. Vestido con una camisa de rayas a colores, un par de *jeans*, viene revestido en humildad. Hace alusión a la realidad: padres solteros, drogas, pandillas, sexo, violencia. Todo el bombardeo, las vidas peligrosas. Habla, sin mirar a través de cristales rosados: "El consenso es que la juventud está perdida. Que no hay esperanza." Y después, casi al punto de lo increíble, habla de la decisión de la fe. La clase de fe resistente que no se compromete, que hace añicos todas las ilusiones de orgullo, que se niega a consentirse a sí mismo y que finalmente permanece.

"Lo que tenemos que hacer es llegar al punto de morir — dice humildemente —. Cuando lo hacemos, es la misma experiencia que tuvo Jesucristo. Y después resucitaremos otra vez." Sugiere que esa es la única manera de vivir.

CAPÍTULO 6

LA OBEDIENCIA

Vivir realmente es estar listo para morir

Y se hizo obediente hasta la muerte, ¡y muerte de cruz!
Filipenses 2:8 (NVI)

El nuestro es un mundo de fluctuación, de mares que se agitan y cambian, de estaciones que se deslizan una en la otra, de vidas que se desplazan en movimiento continuo desde el nacimiento hasta la muerte. Un mundo, parece, en transformación continua, donde el único constante es el cambio. Y entonces miramos las noticias de la tarde con sus esparcidas monotonías de violencia, pobreza y desastre, y vemos que hay otra constante más: la maldad. Día tras día, hace estragos en nuestro planeta. En un mundo de cambio, la maldad es la única cosa con la que podemos contar.

Aun peor que la constancia de la maldad, es su profundidad. El autor Philip Yancey nos cuenta la historia de cómo un hombre llegó a la comprensión de su horror. Yancey entrevistó a un veterano de la Segunda Guerra Mundial, que fue enviado a liberar y limpiar Dachau, el campo de concentración nazi donde miles de judíos fueron exterminados. Esto es lo que dice ese hombre:

"Un compañero y yo fuimos asignados a un furgón. Adentro había cadáveres humanos amontonados en filas ordenadas, exactamente como leños para el fuego. Los alemanes, siempre meticulosos, habían planeado las hileras, alternando las cabezas y los pies, acomodando los diferentes tamaños y figuras de los cuerpos.

Nuestro trabajo era como trasladar muebles. Teníamos que levantar cada cuerpo — tan liviano — y llevarlo a un lugar designado. Algunos compañeros no pudieron hacer esta parte. Se quedaron parados junto a la cerca de alambre de púas dando arcadas. ¡No podía creerlo la primera vez que nos tropezamos en el montón con una persona viva todavía! Pero era verdad. Increíblemente, algunos de los cadáveres no eran cadáveres. Eran seres humanos. Gritamos para que vinieran los médicos y comenzaran a tratar a esos sobrevivientes de inmediato. Pasé dos horas en ese furgón; dos horas que para mí incluyeron todas las emociones conocidas: ira, lástima, vergüenza, repugnancia. Cada emoción negativa, debiera decir. Venían en ondas ... todas menos la ira ... Ésta permanecía, alimentando nuestro trabajo. No teníamos otro vocabulario emocional para semejante escena. Después que habíamos llevado los pocos sobrevivientes a una clínica provisional, volvimos nuestra atención a los nazis: los oficiales SS a cargo de Dachau. Nuestro capitán pidió un voluntario para escoltar a un grupo de doce oficiales SS al centro de interrogaciones y un hombre llamado Chuck levantó la mano rápidamente. Chuck afirmaba haber trabajado para el gángster Al Capone antes de la guerra y ninguno de nosotros lo dudaba. Bien, Chuck agarró su ametralladora y empujó al grupo de prisioneros SS hacia el sendero. Caminaban delante de él con sus manos entrelazadas detrás de sus cabezas, sus codos sobresaliendo a los dos lados. Unos minutos después que habían desaparecido dentro de los árboles escuchamos el estrepitoso eructo de una ametralladora y tres largos disparos de fuego. Pronto Chuck salió caminando, el humo todavía subiendo en espirales del extremo de su arma. 'Trataron todos de escaparse', dijo con una cierta mirada maliciosa."

La escena convenció a este soldado a entrar en el ministerio. Continúa diciendo: "Fue en ese día que sentí el llamado de Dios a ser pastor. Primero fue el horror de los cadáveres en el vagón: no podía absorber tal escena. ¡Ni siquiera había sabido que existía tal maldad absoluta! Pero cuando la vi, supe más allá de toda duda, que empleraría mi vida sirviendo a cualquier cosa que se opusiera a semejante maldad ... sirviendo a Dios. Después vino el incidente de Chuck. Sentía un temor nauseabundo de que el capitán me llamara a escoltar al próximo grupo de guardias SS; y aún un temor más horripilante de que si lo hacía, ¡yo pudiera hacer lo mismo que hizo Chuck! La bestia que estaba en esos guardias también estaba en mí. La bestia dentro de los guardias, la bestia dentro de Chuck, la bestia estaba también en mí."

Aquel soldado aprendió una lección que la mayoría de nosotros pasamos toda la vida eludiendo: que la bestia de maldad duerme dentro de cada uno de nosotros. ¿Quién, si somos dolorosamente sinceros, puede negarlo? Quizás no somos culpables de incinerar miles de judíos, pero ¿cuántas veces hemos arrancado un pedazo del corazón de alguien con una mentira? ¿Cuántas veces hemos deseado que alguien desapareciera de la existencia — un jefe, un cónyuge, una suegra — y hemos permitido que ese deseo afectara la manera en que los tratamos? Todos nosotros, ni siquiera muy profundamente, somos impulsados por deseos egoístas, la chispa y combustible de la maldad, la ira de Dachau.

En su libro *The Spirit of the Disciplines* [El Espíritu de las disciplinas], Dallas Willard presenta un argumento convincente de que cada uno de nosotros es capaz de gran maldad si se nos pone en las circunstancias adecuadas. Él escribe:

> Nuestro "¿por qué?" en la presencia de la maldad, señala una falta de percepción — consciente o inconsciente — de las fuerzas que habitan la personalidad humana normal y que por consiguiente mueven o condicionan el curso normal de sucesos humanos. Sobre todo, demuestra una falta de entendimiento de que el apoyo inmediato de la maldad universalmente deplorada se encuentra en la simple *disposición* de individuos "decentes" a perjudicar o permitir perjuicios a otros cuando las condiciones son "adecuadas". Esa disposición entra en juego siempre que nos ayude a alcanzar nuestras metas de seguridad, gratificación del ego, o satisfacción de nuestros deseos corporales. Esa disposición sistemática que impregna la personalidad de los seres humanos normales y decentes es la naturaleza humana caída. [1]

Dios sabe eso. Él dice que el corazón humano es, sobre todas

---

1 Dallas Willard, *The Spirit of the Disciplines: Understanding How God Changes Lives* (San Francisco: HarperCollins, 1989), p. 225.

las cosas, extremadamente malvado. Aun a los que hemos reconocido las tinieblas y nos hemos vuelto a Dios por perdón nos persiguen las sombras de la maldad. Nuestras palabras hablan de gracia; nuestras acciones a menudo lastiman y hieren. Afirmamos ser siervos puros y humildes, y después nos quejamos cuando no recibimos aplauso. Oramos por vida abundante y perseguimos sueños vacíos y excesos.

Una paradoja difícil

La enfermedad de la maldad está arraigada en nuestro corazón. La Biblia insiste en eso, y no hay remedio fácil. Sólo la sangre de Cristo, derramada de un corazón inocente, es suficiente para vencer su poder. Pero aun la muerte de Cristo no nos liberta ahora mismo de los efectos de la maldad. La maldad todavía tiene una influencia que domina el mundo. Y todavía descubrimos que somos vulnerables a su seducción. Aunque repulsiva, hay algo acerca de la maldad que nos fascina. Vemos películas de horror o inmoralidad. Sintonizamos las noticias de asesinatos en serie. Nos reímos, nerviosamente, de los chistes crueles y de las comedias macabras. Ninguno de nosotros puede desconectarse del susurro seductivo de la maldad, de su llamado para guiarnos a lugares donde no debemos ir y a deseos que no podemos darnos el lujo de alimentar. La tentación de la maldad, nada menos que a un hombre como el apóstol Pablo, lo hizo exclamar en frustración: "El bien que quiero hacer, no siempre lo hago. El mal que no quiero hacer, acabo haciéndolo. Esas inclinaciones malvadas hacen guerra contra lo que yo sé que Dios quiere que yo haga. La guerra se desata dentro de mí. ¿Quién me libertará?"

La pregunta es difícil. La respuesta, aún más: La libertad viene a través del sometimiento de nuestra voluntad a Dios y la obediencia a un conjunto de reglas. Jesús afirmó claramente: "Si me aman, obedecerán mis mandamientos." Él no tenía pelos en la lengua. ¿Quieren amarme? Entonces obedezcan mis mandamientos. ¿Quieren ser librados de la maldad? Entonces hagan lo que yo digo.

Filipenses, el libro de las paradojas, lo dice otra vez más: El camino hacia la libertad es la obediencia. Es difícil aceptar eso. Lo que sucede es que nosotros pensábamos que ya sabíamos todo lo que había que saber acerca de la libertad. Somos, nos decimos, un pueblo liberado. Honramos a los rebeldes, compramos detectores de radar, fumamos en el cuarto de baño. Aprendimos hace mucho tiempo que la libertad procede de eludir las reglas, de cambiar las reglas, hasta de romper las reglas si tenemos que hacerlo. La obediencia — seguir las reglas — viola todo lo que defendemos, y nos conduce — estamos convencidos — a la esclavitud obligatoria y restrictiva.

Esa idea se introduce sigilosamente aun dentro de nuestras iglesias. "Relaciones" es la palabra de moda. Las relaciones, nos decimos, son la clave para la vida: con Dios y unos con otros. Y eso es verdad. Pero en nuestra prisa de establecer nuestro punto de vista, algunas veces descuidamos el concepto de la obediencia. Note que Jesús dijo: Si me aman, obedecerán mis mandamientos. Aunque es claro que la obediencia fluye de una relación de amor, en esas palabras hay el tono inequívoco de autoridad. Jesús no está sugiriendo la obediencia; la está demandando.

Hace lo mismo en el Sermón del Monte. *Amen a sus enemigos* — dice —. *Reconcilien las relaciones rotas. Manténganse firmes contra la seducción del dinero, el poder, o la fama. Busquen el reino de Dios por encima de todo. Cuando les hagan mal, no procuren vengarse.* Trate de leer el sermón como si lo estuviera leyendo por primera vez. Piense realmente en lo que Jesús está pidiendo. Los mandamientos parecen ofensivos, las demandas casi imposibles de cumplir.

Las reglas del amor

El tono exigente de Jesús parece severo. Pero eso es sencillamente porque Él ve la verdad más claramente que nosotros. La bestia de maldad está dentro de cada uno de nosotros. La sangre de Jesús puede lavarnos y dejarnos limpios, pero no puede fácilmente hacer que nos abstengamos de nuestras malas obras. El atractivo del pecado, de evadir a Dios y satisfacer nuestros propios deseos egoístas, es demasiado fuerte para tomarlo a la ligera. Es sólo a través de la obediencia, como sabe Jesús, que podemos domar la bestia que está dentro de nosotros.

Las reglas de Dios no tienen el propósito de restringir, sino de proteger. Somos enormemente propensos a perjudicarnos a nosotros mismos y a los que están a nuestro alrededor. Podemos destruirnos en un segundo, o en dos o tres. Las reglas de Dios, sus mandamientos, fluyen de su amor por nosotros. No son sólo por el bien de Él, sino por el nuestro también. Él quiere protegernos de aflicción, destrucción y violencia innecesarias. Creo que todas las reglas de Dios están diseñadas para protegernos de que nos perjudiquemos a nosotros mismos, para guardarnos de perjudicar a otros, o para rescatarnos de desperdiciar nuestra vida.

Piense en algunas de las reglas diseñadas para evitar que nos perjudiquemos a nosotros mismos: No permitan que la ira y la amargura echen raíces, no se endeuden demasiado, manténgase libres de adicciones. Cuando rompemos estas reglas, nos arriesgamos al dolor y a la ruina. La autoestima se deteriora y sufrimos de remordimiento, autoconmiseración y depresión.

Las reglas que nos guardan de perjudicar a otros nos ayudan a edificar una comunidad y a unir a los cristianos en amor. La Biblia nos manda, por ejemplo, a decir la verdad unos a otros en amor, a poner los intereses de otros antes de los nuestros, a ser generosos con los pobres. Si hacemos caso omiso de esas reglas, nos encontramos a la deriva, desconectados de la estabilidad y la fuerza y el apoyo que ganamos cuando vivimos apaciblemente y trabajamos alegremente con otros.

Finalmente, hay leyes que nos guardan de desperdiciar lo que Dios nos ha dado. Sean la sal de la tierra, nos dice Jesús. Sean luces para el mundo. Manténganse alejados del aplauso de los hombres. Hagan buenas obras constantemente. Permitan que la gente sepa que yo vivo en ustedes. En una frase, Dios nos llama a hacer la diferencia en nuestro mundo. Nos dice, por ejemplo, que pongamos de cabeza el orden mundanal de la avaricia, del egoísmo y del odio y que hagamos de las personas, no de las cosas, nuestra prioridad. Para mí, esos son algunos de los mandamientos más poderosos en la Biblia. De cuando en cuando me he despertado en medio de la noche, empapado en sudor frío, horrorizado de desperdiciar la vida que Dios me ha dado en una serie de búsquedas triviales. Tengo sólo una oportunidad para vivir y quiero hacerla contar. Doy gracias a Dios por sus mandamientos que me muestran cómo hacer una diferencia en nuestro arruinado mundo.

Fe arriesgada

Es claro, entonces, que los mandamientos de Dios fluyen de su amor por nosotros. Nos protegen de nosotros mismos y de nuestras tendencias notablemente humanas a perjudicar y a trivializar. Pero creo que hay algo más en la obediencia que simples estrategias defensivas. No creo que protegernos de la maldad fue la única razón que Dios tuvo para demandar que siguiéramos sus reglas. Hebreos 5:8 afirma: "Y aunque era Hijo, por lo que padeció aprendió la obediencia." Desde hace mucho tiempo yo busco la interpretación adecuada de ese versículo. Claramente, la obediencia de Cristo no fue para domar una bestia de maldad dentro de sí mismo. Se trata de una obediencia de una clase mucho más elevada, diseñada no para protegernos, ni para defendernos de la maldad, sino más bien para activarnos, para ponernos a la ofensiva, para transformarnos en guerreros activos en contra de la maldad.

Esa obediencia es mucho más difícil que la de la clase defensiva porque es mucho más arriesgada. En un mundo torcido por la maldad, el egoísmo y la ignorancia, los actos de amor y de sabiduría — actos conformes con la voluntad de Dios — parecen, en el mejor de los casos, fuera de lugar y requieren tremenda energía, imaginación y fe. Más fe de la que la mayoría de nosotros piensa que tenemos. Parafraseando Hebreos 11:1: "La fe es creer en lo que no se ve." Eso es lo que Dios nos llama a hacer. En un mundo concreto de sueldos y agendas de poder y úlceras sangrantes, Él nos llama a vivir nuestra vida con la convicción de una esperanza invisible. Nos llama a luchar contra el mal, a hacer bien, a oponernos a los sistemas, confiando en que al final todo eso hará una diferencia.

Dios conoce el riesgo de la fe. En un cuerpo humano de capilares y neuronas, susceptible al dolor y a la aflicción y al cansancio, Jesús aprendió que este mundo no es amigo de los actos de la fe. Él obedeció por fe, enfrentándose a las realidades visibles que quebrantaban su corazón y desgarraban su cuerpo: persecución, odio, violencia, y finalmente, muerte. La fe, su compás invisible, a menudo lo conducía hacia lugares a los que hubiera preferido no ir: Getsemaní, la tumba de Lázaro, la cruz. Jesús sufrió inmensamente por seguir la senda de la fe. Sintió el sabor de su sangre, lloró frente a la muerte, y se estremeció con la aflicción. Aprendió, hasta un grado que pocos de nosotros alcanzamos aprender, exactamente lo que requiere la fe: todas las cosas, y un poco más. Pero su sufrimiento le enseñó la obediencia.

¿A dónde se fue Dios?

Sufrimiento, fe y obediencia estaban entremezclados y tejidos diariamente en la vida de Jesús. ¿Pero qué de nuestra vida? Cuando la obediencia implica sufrimiento, ¿tenemos fe para confiar en Dios acerca del resultado? Cuando la fe nos desafía a exponernos al sufrimiento, ¿estamos dispuestos a responder con obediencia? Nosotros que, en el mejor de los casos, podríamos estar dispuestos a intercambiar el fútbol del lunes en la noche por un estudio bíblico. Nosotros que, en el peor de los casos, cambiaríamos nuestra fe por una casa más grande o una cura milagrosa. Vivimos no sólo con nuestro propio pecado, sino en un mundo de problemas. Hay veces — y es la mayor parte del tiempo — cuando se estrangula la posibilidad de la fe en el afán de la rutina diaria. Nuestros matrimonios a menudo se tambalean de un lado a otro entre la rutina y la furia, y nos preguntamos de dónde vendrá la chispa que restaure la pasión. Muchos de nosotros vivimos con aflicciones, tanto reales como imaginarias, que nos causan estremecimientos de dolor, indignación y perplejidad. Algunos de nosotros trabajamos cada día, aburridísimos o demasiado tensos, y nos preguntamos secretamente si la demencia es una causa justificada para incapacidad. Algunos de nuestros hijos han llegado a estar obsesionados con la música que estremece nuestra casa con inquietud e ira. Algunos de nosotros estamos solos y el silencio es tan denso que amenaza con sofocarnos. Algunos de nosotros estamos confrontando bancarrotas, depresiones, separaciones y afición por la muerte de seres queridos. Y peor aún, podemos mirar a nuestro alrededor y ver a los que no tienen fe felices y prosperando.

La fe, si somos sinceros, a veces se parece a una vela bajo la lluvia, siseando mientras trata de obtener el aire que necesita para no apagarse. Mientras más tratamos de ver por esta luz invisible, más parece que tropezamos. Comenzamos a pensar que la fe tal vez funcione en otro planeta, en uno que contenga menos caos y menos sueños rotos. No es tanto que dudemos del poder de Dios; todavía de cuando en cuando echamos una o dos ojeadas ocasionales a un cielo nocturno sin nubes. Es más bien una cuestión de cómo funciona en nuestra propia vida, en nuestras veinticuatro horas de los apuros de la realidad. Queremos creer, realmente creer, que Dios desea lo mejor en nuestra vida: su voluntad. Pero justamente en medio de nuestras oraciones pidiendo poder para hacerlo, llora el bebé, retumba el trueno, se desencadena la furia. A nuestras buenas intenciones las abruman las complicaciones.

La verdad es que los cristianos pueden tratar todo lo que hemos considerado en este libro, y todavía estar cargados con el dolor, el temor y la desesperación. Llega un momento en el cual la fe parece no tener sentido. Hemos tratado y tratado, y sin embargo nada parece funcionar bien. Comenzamos a dudar de la realidad de Dios en nuestra vida.

Poder a lo largo del camino

Dios sabe. La Biblia está llena de historias de seres humanos como nosotros: desesperados, lastimados, propensos al pecado, sedientos de Dios, quebrantados, y deseando ser sanados. En detalles vergonzosos, la Biblia nos ofrece la humanidad: la fragilidad, la pecaminosidad y la tragedia. Jacob es un tramposo. Moisés se siente inadecuado. Pedro actúa como un necio testarudo. David tiene sangre en sus manos. Pero es en ese contexto de debilidad humana y pecado que la Biblia se atreve a hacer una afirmación radical de que la fe —la clase de fe que rehace los corazones y la dirección de la historia— es posible. Aun después de muchos, muchos fracasos y decepciones. Jacob se convierte en un eje fundamental para el plan de Dios. Moisés lleva a cabo uno de los escapes más grandes de la historia. El liderazgo de Pedro echa los fundamentos para la edificación de la iglesia. A David se le llama un hombre "conforme al corazón de Dios".

Esas historias a menudo nos hacen sentir aún más culpables, más desesperanzados. Nosotros también oramos por transformación y, en cambio, somos abrumados con la frustración. Parece que no podemos levantarnos por encima de nuestra vida diaria para alcanzar la realidad de la fe. No creo que sea una cuestión de sinceridad: nosotros realmente *queremos* que Dios nos transforme. Es más bien una cuestión de proceso. La mayoría de nosotros oramos y oramos y después esperamos. Por qué cosa, no estamos seguros: un sentimiento místico de energía, quizás, o un pensamiento revolucionario, o una oleada de poder de Dios; pero esperamos . . . y esperamos. Y más a menudo de lo que quisiéramos, permanecemos atrapados y exhaustos en el punto de partida.

El problema es la espera, el estar quietos. La fe transformadora, nos dice la Biblia, se produce sólo en el contexto del movimiento. El poder de Dios viene a los que le obedecen. Y la obediencia significa entrar en acción: amarnos unos a otros, restaurar una relación, confrontar a una persona en pecado. Dios promete darnos poder mientras actuamos. Eso, desde luego, no es nuestra preferencia: nosotros preferiríamos que Dios nos proveyera el poder *antes* de dar el primer paso. Dios, sin embargo, ha pedido siempre un paso de fe.

Josué 3 nos provee una ilustración clásica. Los hijos de Israel, después de décadas de peregrinar en el desierto, habían recibido por fin autorización para entrar en la tierra prometida. Dios le ordena a Josué marchar hacia la frontera de Canaán y ocupar la tierra. Hay sólo un problema. La frontera de Canaán casualmente se encuentra limitada por el río Jordán, que resulta estar casualmente la en etapa de inundación. Y no hay puente, ni embarcación, ni buque transbordador, ni equipos de buceo. El mandamiento de Dios viene a Josué de que organice al pueblo en una fila derecha detrás del arca del pacto para marchar directamente hacia las aguas embravecidas en una línea recta hacia Canaán. La promesa es esta: En algún punto a lo largo del camino, Dios va a intervenir. Pero Israel debe primero dar pasos de fe. En realidad, fue sólo cuando las personas al frente de la fila habían entrado en el río que Dios milagrosamente dividió las aguas.

Hay muchos otros ejemplos. Moisés y el mar Rojo. Jesús sanando a los leprosos únicamente después que fueron a los sacerdotes en obediencia a su mandamiento. Los hombres que bajaron a su amigo enfermo a través del techo. Jesús orando en Getsemaní. El poder de Dios vino tan sólo cuando las personas *pusieron en práctica* su fe. Poder a lo largo del camino.

Dios quiere intervenir de modo sobrenatural en las dificultades y desafíos de nuestra vida diaria, pero no puede hacerlo hasta que en primer lugar mostremos fe al caminar hacia adelante en la senda de la obediencia. Desde la parálisis de nuestro dolor o temor o desilusión, debemos dar el primer paso de fe. No se puede reconciliar una relación a menos que primero levantemos el teléfono, no importa lo tímidos o inadecuados o aterrorizados que nos sintamos ante la confrontación. El pecado sexual no desaparece a menos que tomemos una decisión consciente de detenernos antes de llegar demasiado lejos. No podemos vencer las adicciones a menos que primero demos un paso para obtener la ayuda adecuada. Debemos actuar conforme con la promesa de que Dios puede hacer todas las cosas a través de Cristo que nos fortalece. Suena imposible. Aterrador. Algunos de nosotros preferiríamos entrar en un río embravecido antes que hacer lo que necesitamos hacer. Pero Dios promete poder a lo largo del camino.

La pura obediencia es necesaria porque somos criaturas que tenemos la tendencia a preferir el estado de las cosas como están, no importa lo desdichado que sea. Hay una parte en cada uno de nosotros que prefiere ser enterrado vivo antes que exponerse a una situación desconocida. Aun en el temor, el dolor y el aislamiento, hay la certidumbre de lo conocido. La fe es, por su propia definición, arriesgada: Se nos pide que, poniendo nuestra vista en lo invisible, nos movamos hacia las promesas de Dios. Se nos pide hacer su voluntad, sin nada en que apoyarnos salvo su Palabra, y sin saber si su plan nos conducirá a la sanidad o a una tumba. Eso es lo malo. No sabemos a dónde nos guiará su plan. Y no podemos saberlo hasta que lleguemos allí. Pero podemos saber esto: Él dará el poder a lo largo del camino. Y Él nos conducirá hacia el gozo.

―――――――――

Lorrie Shaver y el vuelo 191

"Me he dado cuenta . . . de lo realmente finitos que somos y lo mucho que tenemos que dedicar nuestra vida diariamente a Él. No es algo para el mañana. Tengo que darme cuenta hoy de que necesito vivir para Él y que lo que a Dios realmente le importa es si soy obediente en el llamado de hoy."
Lorrie Shaver en un mensaje
que grabó para un misionero en Francia
poco antes de su muerte

El teléfono suena en la casa de Patty Bender alrededor de las diez de la noche, el 2 de agosto de 1985. La despierta bruscamente de su siesta. Lucha con el lento ofuscamiento que sigue cuando uno está medio dormido. La televisión proyectaba sombras imposibles; la película no la podía recordar; los niños estaban en la cama.

Escuchó a su esposo, Phil, contestar el teléfono: "¡Hola, qué tal!" Ella sabía, por el tono de su voz, que era la mamá de ella. Probablemente sólo quería charlar. Phil no estaba hablando mucho, sólo pronunciaba afirmaciones ocasionales.

— Déjame responder al teléfono — dice Patty.

Su esposo dice que no.

— Está bien — dice él todavía en el teléfono —, te hablaremos mañana.

Cuelga.

— ¿Qué pasa? — preguntó Patty.

— Lorrie ha tenido un accidente de aviación — fue la respuesta —. No sabemos si está entre los sobrevivientes o no.

Lorrie. La muchacha que siempre estaba haciendo de las suyas. Patty recordó la vez en que estaban en la escuela secundaria y le dijo a Lorrie que iba a salir con un muchacho y a los lugares adonde iban a ir. Lorrie reunió a la pandilla. En el cine, en el restaurante, en el camino, estaban siguiendo a Patty y su acompañante. Lorrie no hizo ruido en ningún momento. Patty podía sentir la risa. Así era Lorrie, siempre divirtiéndose de lo lindo.

Después de la llamada telefónica, Patty Bender se puso histérica. Miraron las noticias: el vuelo 191 de Delta, un avión L-1011, se había estrellado en Dallas. Las fotos eran horribles. Los únicos sobrevivientes, decía el periodista con rostro indiferente, estaban en la sección de fumar. Patty se puso airada, realmente airada. Había perdido a una amiga de toda la vida. Su esposo trataba de consolarla; oraba por ella.

"Yo gritaba continuamente '¿por qué?'. ¿Por qué Dios había permitido que le sucediera eso a Lorrie? Ella estaba preparándose para ir a Francia y servirle como misionera. ¿Por qué? ¿Cómo podía Dios hacer eso?"

No era que Patty no creyera la respuesta: el cielo. El problema no era la respuesta sino la pregunta.

Las viejas bromas de Lorrie. Patty puede recordar innumerables paseos en la playa de la Florida cerca de su hogar de la niñez.

Escuchaban las olas. Reían sin cesar. Las estrellas, a veces, las hacían hablar de Dios. Y hablaban de sus problemas; Patty ni siquiera puede recordarlos . . . parecen tan insignificantes ahora. Lo que sí recuerda más que ninguna otra cosa, era que Lorrie siempre estaba ahí.

Siempre amante.

Después de la noticia del accidente, Patty se quedó dormida en una mezcla desasosegada de ira y amor. Soñó con un accidente de aviación.

"Recuerdo una horrible explosión y veía continuamente fuego."

La lámpara del cuerpo es el ojo; así que, si tu ojo es bueno, todo tu cuerpo estará lleno de luz.

Mateo 6:22

Lorrie Shaver no era espectacular en su apariencia. Era gorda y usaba, la mayor parte del tiempo, pullovers, pantalones de pana y botas de trabajo. Sus manos estaban cortadas y manchadas y encallecidas, las uñas cortas y romas: las manos de una joven que trabajaba con cajas en una tienda de víveres en la Florida. Sus ojos eran pequeños y tenía pecas.

Lo mismo es cierto de sus acciones: nada espectacular. Nunca rescató a nadie de ahogarse; trabajó duro para obtener sus notas en la universidad; no era creativa, tenía pocas ideas originales.

"Era una muchacha común y corriente — dice su pastor, Paul Mutchler —. No llamaba la atención en absoluto. No tení dones ni talentos especiales, salvo uno. Y ese era el amor. Ella amaba a personas específicamente, y eso la hacía muy especial."

Ella amaba, dicen sus amigos, no porque era un don especial. Amaba porque se esforzaba fuertemente para hacerlo. Era obediente. Rara vez su amor pedía ser el centro de atención.

"Lorrie era una persona que entraba en la vida de uno por la puerta de atrás — dice un amigo —. No venía por la fuerza, pero hacía sentir su presencia. No se imponía; no demandaba del tiempo de uno; simplemente estaba allí y se hacía tu amiga."

Esa entrega se mostraba diariamente en las cosas "pequeñas". Tenía un instinto para saber cuando las personas estaban sufriendo.

La vez que una de sus amigas estaba recién llegada a la Florida y sus padres, que vivían en otro estado, se habían divorciado. Era Navidad, y Lorrie fue a visitarla. En un paseo en la playa, Lorrie dijo muy poco, pero escuchó mucho.

El primer aniversario de la muerte del padre de un amigo, Lorrie le hacía una llamada telefónica. El segundo aniversario, escribía una nota.

Lorrie parecía tener un don para hacer de lo más común algo extraordinario: haciendo llamadas telefónicas oportunas; descubriendo extraños en la iglesia; ofreciendo llevar a amigos en su *jeep*; escuchando una interminable procesión de problemas . . . día tras día. Una y otra vez.

"Tenía la extraña habilidad de hacer que la gente se sintiera especial", dice una amiga.

Lorrie amaba con una risa. Disfrutaba de la vida.

"Uno generalmente sabía cuando ella llegaba a un lugar aunque no pudiera verla — dice un antiguo pastor de jóvenes de Lorrie —. Había regularmente un alboroto a su alrededor porque siempre estaba haciendo el payaso con todo el mundo."

Reía mucho. Cuando tiraba a una amiga al océano. Cuando no podían lograr que funcionara la videograbadora. Cuando iba a la tienda y sus amigos actuaban como si fueran de Nueva Zelanda. Cuando bajaba el techo de su *jeep* aunque estaba a un grado bajo cero.

"Tal vez olvide muchas cosas acerca de Lorrie — dice una amiga —. Pero nunca olvidaré su risa."

"Todavía puedo imaginar a Lorrie entrando a la oficina y, tirando la cabeza hacia atrás, diciendo: 'Hola, pastor.' Tenía esa clase de mirada tal que yo nunca sabía si venía con una petición de oración o con un balde de agua."

Así era Lorrie.

El tierno toque de manos encallecidas. Las brillantes chispas de sus pequeños ojos.

Viejas bromas.

———

*Ninguna tristeza me perturbará nunca, ninguna prueba
me desarmará nunca, ninguna circunstancia me causará
apurarme nunca, porque descansaré en el gozo de mi Señor.*
De una placa sobre la pared
en el dormitorio de Lorrie Shaver

Lorrie Shaver le dijo a su pastor que ella amaba a sus padres aún más porque era adoptada. Había sido prematura en el momento de nacer y había pesado 1,3 kilos. Su padre, Fred, recuerda su primer viaje al hospital a ver a Lorrie. "Noté una cosita realmente pequeña en la esquina y se la señalé a mi esposa. Bueno, resultó ser una jeringuilla con una manta encima." Y entonces vio a Lorrie, y se enamoró. "Era preciosa."

El amor creció. Fred no puede recordar ningún tiempo especial, sólo un constante, indudable, siempre creciente amor.

"Su madre y ella tenían una relación especial", dice Fred. Lorrie y su madre compartían los tiempos devocionales juntas, y los sueños. Y, más que nada, el amor. Los absurdos dibujitos de Lorrie en la escuela eran para su madre obras de Picasso. Su madre estaba orgullosa de Lorrie, especialmente en la universidad. La llamaba a menudo y se lo decía y la alentaba en sus tareas de académicas.

El amor crecía.

Durante su segundo año en la universidad, la madre de Lorrie murió. Lorrie se retiró a la playa, adonde iba a llorar por su madre. Sola, mientras las olas susurraban ritmos eternos, se quebrantaba. El dolor de perder a su madre nunca se desvaneció completamente. Anhelaba una reunión.

Más que ninguna otra cosa, Lorrie Shaver deseaba hacer algo pequeño para el Señor. Kent y Becky Good, quienes crecieron en su misma iglesia, eran misioneros en Francia. Ella comenzó a buscarlos. "Durante la conferencia misionera me quedé en el dormitorio de Lorrie — dice Becky Good —. Comenzó a hacerme preguntas serias acerca de Francia. ¿Podría ella servir como misionera?" Becky recuerda una conversación que duró hasta las dos de la madrugada. Más tarde, Lorrie fue a Francia para asistir a la conferencia de Euro-Misiones. Mientras asistía a la conferencia, vio la tremenda necesidad espiritual del país. Para el tiempo en que la conferencia había terminado ya había tomado una decisión: deseaba ser misionera en Francia.

A pesar de su amor por Lorrie, Kent y Becky tenían sus reservas. Pensaban que tendría problemas con el idioma. Becky llenó una recomendación a favor de Lorrie para la junta de misiones extranjeras. Les comunicó su reserva. Los Good, sin embargo, estaban conscientes del punto fuerte de Lorrie: su habilidad para amar. Mientras estaba en Francia había comunicado ese amor sin necesidad del idioma.

"Dejó atrás más personas que la conocían y que todavía preguntan por ella, que ninguno de los otros que han pasado — dice Kent —. Hay un tendero en Chalon que todavía pregunta por ella: 'Y ¿cómo está . . . no puedo recordar su nombre? Sabe, la muchacha de los ojos risueños.' "

Algunos días después de haber llenado la recomendación, Becky Good telefoneó a la junta de misiones extranjeras.

La muchacha de los ojos risueños probablemente sería una excelente misionera. Eso era lo esencial de lo que había dicho. Poco tiempo después, la asignaron como misionera a Francia.

———

Lorrie Shaver esperaba el futuro con ilusión. Estaba emocionada acerca de Francia, casi obsesionada. Sus amigos recuerdan su pasión.

Tenían que detenerse y comprar croissants. Y mirar a un interminable número de carteles franceses. "Y entonces — decía ella —, esto es lo que hacen en Francia." Escribía a menudo a los misioneros y amigos en Francia.

"Ella me hizo darme cuenta de que para ser misionero o misionera, es necesario que las personas consuman tus pensamientos. Deben arrastrarte", dice una amiga.

Pero, si Lorrie Shaver dio un mensaje consciente en los últimos meses de su vida, no se concentraba en el futuro.

Ese mensaje, por medio de palabras y acciones, era simplemente: Hoy, vive para el Señor. Hay que rendir cada minuto, cada acción, al Señor.

En sus viajes para levantar apoyo para su obra misionera, cuando Lorrie hablaba acerca de sus planes a las congregaciones en las iglesias, ponía una grabación de la canción "Maña-na". Un verso de la letra dice:

Yo daré mi vida mañana,
    ¿pero hoy qué?

Lorrie Shaver aborrecía las despedidas. La ponían nerviosa, aprensiva para dar con las palabras adecuadas.

Irse a Francia iba a ser difícil.

"Estoy emocionada de irme a Francia — decía Lorrie en una grabación para un misionero en Europa —, pero al mismo tiempo, es difícil decirle esto a los amigos y familiares. Romper los lazos con las personas [es difícil], aun cuando uno sabe que si ellos son del Señor no es una cosa definitiva."

Decirle adiós a la familia sería lo más difícil. Pero Lorrie encontró consolación en un hecho: su hermano y su cuñada iban a tener su bebé antes que Lorrie se fuera a Francia.

Era la primera vez que Lorrie iba a ser tía. Le dijo a una amiga que ardía en deseos de tocar la pequeña manecita.

Algunas semanas antes de irse a Francia, iban a comisionar a Lorrie como misionera en una conferencia en Colorado. Hizo una reservación en un avión a Denver con escala en Dallas.

Tenía que irse una semana antes del comienzo de la conferencia. Así le daría tiempo para visitar a una amiga de la escuela secundaria que tenía luchas espirituales. Y también podría sorprender a Kent y Becky Good, que estaban programados para hablar en Denver acerca del trabajo misionero en Francia.

Así era Lorrie.

Viejas bromas.

Algunos días antes de salir para la conferencia, Lorrie Shaver estaba en la playa con una amiga. Eso no era nada nuevo. A ella le encantaba la playa. Lorrie le dijo a su amiga que, en toda su vida, nunca se había sentido tan dentro de la voluntad de Dios como en ese momento. Mientras las olas rompían en la costa, Lorrie decía que estaba segura de que estaba haciendo exactamente lo que Dios quería que hiciera.

Dijo que tenía completa paz.

Hace salir su sol sobre malos y buenos, y . . . hace llover sobre justos e injustos.

Mateo 5:45

Después del accidente de aviación, Fred Shaver había estado en Dallas. Había venido en un vuelo que pasó por encima del avión estrellado. Se había reunido con la línea aérea y obtuvo el devastador informe final. La señora en Dallas había ido a verificar la lista de sobrevivientes. Fred esperó algunos minutos, y ella regresó sacudiendo la cabeza. Lorrie no estaba en la lista. Fred recibió algún consuelo del hecho de que habían encontrado un poco de dinero en el cuerpo de Lorrie. Eso significaba que no se había quemado totalmente.

Ahora estaba conduciendo de vuelta del aeropuerto de Fort Lauderdale, Florida. El mismo aeropuerto donde había visto por última vez a su hija unos pocos días antes. Recordaba que se habían abrazado y que los lentes que tenía en su bolsillo habían punzado a Lorrie.

Se rieron.

Y Lorrie le dijo que lo amaba. Ella siempre lo decía, dice Fred, y siempre lo sentía. Se fue con la misma abierta sonrisa. Y, mirando sobre su hombro, dijo: "Adiós, papá. Nos vemos."

Ya era de noche, el cielo una suave llama, y Fred iba conduciendo por la calle Sunset Strip. Iba pensando en Lorrie, en la manera en que reía, en las personas que quería, en la pequeña bebé que casi nunca lloraba, las bromas pesadas.

Fred recordaba que miró hacia afuera por la ventanilla de su auto. Esparcidos a lo largo de las aceras, tropezando al azar, estaban los vagabundos.

Gozaos con los que se gozan; llorad con los que lloran.

Romanos 12:15

Jesús lloró.

Juan 11:35

Después del funeral, Patty Bender fue a la casa de los Shaver. En el culto sólo había lugar para estar de pie; ahora había sólo un puñado de los amigos más íntimos de Lorrie. Contaron los recuerdos hasta cerca de la medianoche. Rieron y rieron. Durante la noche, Patty, por primera vez, se sintió gozosa. "Fue allí que caí en cuenta: Lorrie está en el cielo — dice Patty —. Y el cielo en ese momento significó algo para mí."

Patty todavía no podía explicar los porqués. La obediencia, algunas veces, simplemente no tiene sentido. Sabía que la muerte de su amiga la había cambiado: "Ella me enseñó lo que es realmente importante en la vida." Y mientras el sonido de la risa se filtraba a través de una noche veraniega en la Florida, así también se desvaneció la ira de Patty.

Viejas bromas.

La hierba se seca, y la flor se marchita, porque el viento de Jehová sopló en ella; ciertamente como hierba es el pueblo. Sécase la hierba, marchítase la flor; mas la palabra del Dios nuestro permanece para siempre.

Isaías 40:7-8

Fred Shaver es un hombre fornido, apacible, con el pelo blanco, que se ríe mucho. Trabaja para una compañía de electricidad. Es un hombre familiarizado con la aflicción. Antes de la muerte de Lorrie, él y su esposa perdieron un hijo bebé, que fue seguido de embarazos malogrados.

Y después la bebé Lorrie. Adoptada por una familia que la amó con todo lo que tenía. Tenían muchos años de recuerdos. Y entonces murió la esposa de Fred. El tiempo había hecho soportable el dolor.

Y ahora el accidente de aviación. Lorrie, dijo la señora en Dallas, no estaba en la lista.

No tiene respuestas para el porqué. Ni siquiera lo intenta. Fred no tiene una mente teológica, sólo una fe sencilla y confiada, y la esperanza de que algún bien resultará de la muerte de Lorrie. Ha escuchado relatos acerca de entregas personales y avivamientos. Espera que sea cierto.

La aflicción, dice Fred, le ha enseñado una cosa por encima de todo: "Lo único que uno puede hacer es depender de su recompensa en el cielo: estaremos juntos otra vez en la presencia del Señor. Tendrá que ser hermoso. No sé cómo se puede vivir sin ese pensamiento. No hay nada alrededor de este mundo que tenga permanencia en sí mismo. Nada."

Porque mis pensamientos no son vuestros pensamientos, ni vuestros caminos mis caminos, dijo Jehová. Como son más altos los cielos que la tierra, así son mis caminos más altos que vuestros caminos, y mis pensamientos más que vuestros pensamientos.

Isaías 55:8-9

Después de la despedida de duelo, la familia Shaver caminó una corta distancia hasta la tumba de la madre de Lorrie. Fred, hijo, y Brenda, obviamente embarazada. Y Johnny, el hermano menor de Lorrie, que tenía que enfrentarse con la muerte de su madre y de su hermana antes de los dieciocho años.

Y Fred.

Lorrie está contigo ahora. Regocijándose en la presencia del Señor. Eso fue lo que dijeron.

Y después lloraron.

La mujer cuando da a luz, tiene dolor, porque ha llegado su hora; pero después que ha dado a luz un niño, ya no se acuerda de la angustia, por el gozo de que haya nacido un hombre en el mundo. También vosotros ahora tenéis tristeza; pero os volveré a ver, y se gozará vuestro corazón, y nadie os quitará vuestro gozo.

Juan 16:21-22

Un par de semanas después de la muerte de Lorrie Shaver, nació su sobrino. Fred Shaver se maravilló de la belleza del recién nacido.

CAPÍTULO 7

EL GOZO

¿Recompensa o regalo?

Por eso Dios lo exaltó hasta lo sumo.
Filipenses 2:9 (NVI)

Tracy Blackburn, a una edad relativamente temprana, pensaba que tenía un firme control del gozo. Tenía, por lo mínimo, los adornos del éxito. Manejaba un BMW, vestía las ropas más elegantes y vivía el estilo de vida de la alta clase que frecuenta los lugares más de moda. Esa vida era muy superior a sus sueños más extravagantes, y ella era, para una soñadora, bastante extravagante. Como ejecutiva de alto rango en una destacada compañía de inversiones tenía el mundo a su disposición. "No podía concebir la vida sin todos esos maravillosos y preciosos extras", dice. Tenía poder y respeto, precisamente las adicciones que sentía que necesitaba. La fórmula para el gozo.

O así pensaba. Eso era antes que su peso y su presión arterial se remontaran a las nubes; su poder y su salud se escabulleron. Comenzó a aprender que el "sueño americano" era excesivamente costoso. El ritmo, la presión y la competencia comenzaron a exceder en importancia los maravillosos extras. Su categoría de persona muy importante fue hecha pedazos en un sentido casi literal. Su médico le ordenó cambiar su estilo de vida. Inmediatamente. El día que renunció a su trabajo, oró a un Dios del cual no estaba segura si existía. Fue una súplica de ayuda. ¿Cómo podría encontrar gozo ahora? Había visto el "sueño americano" desintegrarse en una mezcla de agotamiento y dolor. Si no podía depender ya más de su libreta de banco para determinar su valor personal, ¿entonces qué? Es una cuestión que resuena a través de los Estados Unidos con un tono de desesperación.

———————

El "sueño americano", que una vez fue preciso y factible, ha ido convirtiéndose cada vez más en el "espejismo americano". En la década de los años cincuenta, casi todo el mundo estaba de acuerdo en que una casa suburbana de tres dormitorios con una cerca blanca de estacas puntiagudas, un perro y una camioneta Ford convertían el "sueño" en realidad. Papá iba a trabajar de ocho a cuatro y mamá se quedaba en casa cuidando a los niños y horneando galletitas de chocolate. Los fines de semana eran para la iglesia, los exploradores y los viajes familiares al campo. El "sueño americano" era, con algo siquiera de suerte y cerebro, más bien sin complicaciones y ciertamente accesible.

Ya no más. Al final de los ochenta, la década marcada por soñadores norteamericanos desenfrenados, la revista *Time* publicó una historia convincente acerca de lo que había llegado a ser el "sueño americano". Aunque todavía bastante intacto, afirmaba la revista, el "sueño" había llegado a ser costoso en grado prohibitivo. Mientras el costo de la vivienda, los servicios médicos y la matrícula había subido hasta las nubes, la inflación había hecho un agujero en la cartera del americano promedio. Ya el "sueño" no era accesible para un solo cónyuge trabajador. Cuarenta horas de trabajo a la semana eran inconcebibles. La deuda era casi siempre necesaria.

Pero aun así, el "sueño americano" conservaba su atractivo. La televisión, con su predilección por las imágenes, incrustaba su mensaje en nuestros cerebros casi inconsciente. Las cosas satisfacen, nos decía, y más cosas nos satisfacen todavía más. Si había alguna duda, sólo teníamos que mirar los rostros sonrientes de la gente en los anuncios: complacidos, ligeramente presumidos y a punto de explotar de gozo. Y todo como resultado de poseer cosas. Las cosas apropiadas. Cosas brillantes y deslumbrantes. Cosas tecnológicas. Cosas que destacan la peculiaridad de uno. En la década de los años ochenta, el significado de "necesidad" había cambiado. Las videograbadoras, los microondas, los centros de entretenimiento, los tocadores de discos compactos y los televisores de pantalla gigante ya no se consideraban lujos. El soñador americano los *necesitaba*. Añádase el costo de un par de autos razonablemente decentes (por lo menos veinte mil dólares cada uno), la membresía de un Club de Salud, vacaciones en Disneylandia, gastos de la universidad, una piscina, y uno puede rápidamente percibir que el "sueño americano" acarreaba una etiqueta de un precio considerablemente más alto que el que tenía anteriormente.

Alcanzarlo ya no requería un esfuerzo sin ánimo, sino más bien un esfuerzo sin corazón. El soñador tenía que hacer un compromiso casi suicida para adquirir los dólares necesarios para comprar las cosas. Todos los otros compromisos — con Dios, con la familia, o con el descanso — tenían que ser sacrificados al Ídolo de las Cosas. No había atajos o éxitos accidentales. El "sueño americano" consumía a los consumidores y los convertía en marionetas mecánicas y arruinadas. Casi literalmente.

Historias de éxitos

Recientemente recibí una carta de un hombre de cuarenta y tres años con un ingreso anual de trescientos mil dólares. Él dice que en los últimos quince años ha poseído más de una docena de Corvettes, barcos, avionetas y casas en todo el país. Pero a diferencia de los actores sonrientes de los anuncios, no pudo encontrar gozo. Llegó otra carta de una mujer de veinticuatro años con un sueldo anual de ochenta mil dólares. Había comprado un auto nuevo, una casa nueva y, pensaba ella, todo el gozo que su dinero podía comprar. Pero había una cosa con la que no había contado: el remordimiento y la culpabilidad de vivir un vida concentrada en sí misma.

Hay aquí un sentido de trágica ironía. Los que siguen sus sueño buscan afanosamente la comodidad, el placer, el poder y la seguridad. Y la mayoría terminan sintiéndose inexplicablemente aislados, llenos de remordimiento y dolor, impotentes e inseguros. Cada año hablo con cientos de personas que han perseguido el "sueño americano". Más que a menudo son personas destrozadas por los costos ocultos del "éxito". Recientemente, un hombre tuvo que controlar las lágrimas mientras hablaba conmigo. Toda su vida había tratado de alcanzar la vida de lujo. Empleaba todos los momentos de cada día en tratar de alcanzar su sueño. No es que él no amara a su esposa e hijos; por el contrario, quería proveerles con lo que era mejor para ellos. Podían esperar un poco hasta que él alcanzara todas esas cosas maravillosas que merecían. Debiera haber estado feliz mientras hablaba conmigo. Estaba sólo a un paso del gran negocio de su vida, sólo a un paso de la vicepresidencia, nada más que un cliente entre él y una vida holgada. Y acababa de ocupar la casa de sus sueños. El único problema era que el hogar estaba vacío. Su esposa y sus hijos lo habían abandonado y estaba solo con el eco de sus pasos. La etiqueta del precio de su sueño le había costado todo lo que tenía valor. Se encontraba espiritualmente alejado, aislado de cualquier relación, emocionalmente exhausto y físicamente quebrantado. Lo único que le quedaba era un montón de cosas que se burlaban de él.

Muchas de las historias de los "prósperos" terminan de esa manera. Pero qué diremos acerca de los que no fueron tan "afortunados", los que, por razones de habilidad, temperamento, clase económica o discriminación, fueron estorbados de perseguir el "sueño". En nuestra sociedad, los podemos encontrar prácticamente en cualquier lugar. En sus sillones, hartándose con imágenes electrónicas de éxito y bocadillos, una dieta malsana de estrellas y casas famosas y de todo lo que ellos no son. O en las callejuelas, abriendo su camino de la oscuridad con un cuchillo o una pistola. O en las barreras laterales, contemplando los elegantes movimientos de los atletas desde la espuma de una cerveza. Aun los descalificados para obtener el "sueño" están contagiados por él. Los síntomas se extienden desde insensibilidad hasta cólera, resignación, y una inexplicable necesidad de hacerse rabiar ellos mismos concentrándose en cualquiera de las cosas que no pueden obtener.

A pesar de la evidencia de ruina, el "sueño americano" todavía persiste, porque alimenta nuestro deseo innato de ascender, de mirar por nosotros, de asegurar nuestra felicidad, no importa el precio que tenemos que pagar. ¿Por qué continuamos haciéndolo? La Biblia responde bruscamente: Somos pecadores. Nacimos con corazones que tienen una tendencia natural hacia la autoprotección y la autopromoción. La comodidad y la seguridad personal parecen tan importantes que hacemos prácticamente cualquier cosa con tal de adquirirlas. Cuando se trata de apretar y empujar, estamos más que dispuestos a apretar y empujar.

En términos ligeramente más leves, se llama egoísmo. Y, tristemente, es una enfermedad que afecta más que a los individuos. Al salir de la década de los años ochenta — una década de persecución desvergonzada del "sueño" — podemos ver claramente el daño a nuestra sociedad. La complacencia de nosotros mismos ha conducido a la desgracia colectiva. Los pobres son más pobres. La ética ha desaparecido. La productividad ha disminuido. Los divorcios han aumentado y los hijos sufren la separación y el dolor. Desde luego, no podemos echar toda la culpa de estos problemas al "sueño americano" exclusivamente. Pero es obvio que un clima que estimula la complacencia de sí mismo, en un final, conducirá a la autodestrucción. Jesús lo dijo.

Sorprendido por el gozo

Afortunadamente, como individuos y como sociedad, nos estamos despertando de la pesadilla del "sueño americano", de la bancarrota que produce la ecuación "más es mejor" y a la inutilidad de sacrificar nuestra vida en el "altar de las cosas". Al acercarnos al siglo veintiuno, muchas personas están buscando alternativas. Se está aumentando el número de los que se ofrecen como voluntarios. Los estilos de vida más sencillos están de moda. La espiritualidad no es más algo de lo cual reírse. El consenso parece ser este: debe haber algo más en la vida que continuo consumo. El gozo es, muy posiblemente, algo que se niega a ser comprado.

Esas tendencias tienen la potencialidad tanto para bien como para mal. Lo bueno es obvio: Los individuos y la sociedad se benefician siempre que las relaciones tienen prioridad sobre las cosas. Pero el peligro a veces viene en un disfraz confuso. El nuevo arreglo de prioridades tendrá éxito sólo si sigue a un cambio de corazón. Es, en esencia, un asunto de motivación. Aunque la disposición de ánimo del país puede estar cambiando, el deseo de los individuos sigue siendo el mismo: encontrar gozo. Y eso está bien. Dios también quiere que encontremos gozo. Pero si les servimos a los demás sólo para poder sentirnos contentos, ¿no es ésa simplemente otra forma de egoísmo ligeramente más sutil? ¿Y por cuánto tiempo continuaremos sirviendo si nos causa incomodidad, inconveniencia y dolor? ¿Qué sucederá si la persona a la cual estamos sirviendo no expresa gratitud? ¿Perderemos nuestro gozo, y por consiguiente, nuestra motivación para servir?

La dificultad en hablar del gozo es que a la vez que sabemos que Dios ofrece gozo como una recompensa por el servicio puro y desinteresado, también aprendemos que si servimos nada más que por recibir la recompensa, la perderemos. La paradoja del gozo es que uno no puede encontrarlo si lo busca. No es algo que se pueda manipular o que dependa del arreglo adecuado de circunstancias. El gozo requiere más que una agenda, aun cuando la agenda sea servir a otros.

El gozo — el gozo profundo y sustentador que prometió Jesús — es un don de Dios que nos sorprende. ¿Cuándo es más probable que nos sorprenda? Cuando estamos luchando, con todo nuestro corazón y con cada respiración, por vivir como Jesús vivió: dando nuestra vida gratuitamente por otros, viviendo desinteresadamente sin pensar en nuestras recompensas. ¿Suena difícil? La Biblia dice que sin la motivación correcta no sólo es difícil, sino imposible. La motivación tiene que cambiar de "hágase mi voluntad" a "hágase la voluntad de Dios". Debe fluir de un corazón dispuesto a descender, un corazón que desea, más que cualquier otra cosa, glorificar a Dios a través de la manera en que ama.

En Filipenses 2:6-8, se documenta vívidamente el descenso de Jesús: del cielo al infierno, de Dios a hombre, de Creador a cadáver. No es hasta el versículo 9 que se promete la exaltación, la más intensa forma de gozo: "Por eso Dios lo exaltó hasta lo sumo" (NVI). La frase clave aquí es la transición, "por eso". Fue sólo después de un descenso puro — motivado por un amor desinteresado y un deseo de honrar a Dios — que se realizó plenamente la grandeza del gozo.

Gozo ofensivo

Para llevar nuestro entendimiento del gozo un paso más adelante, necesitamos comenzar con una nueva definición. Demasiado a menudo hemos definido el gozo en sentido negativo: ausencia de dolor, de hambre, de incomodidad y de monotonía. Cuando definimos el gozo de esa manera, empleamos la mayor parte de nuestro tiempo edificando defensas: ganando dinero para pagar las cuentas, adquiriendo prestigio para que alguien recuerde nuestro nombre, haciendo un chiste cuando alguien se acerca demasiado. Evitar los inconvenientes se convierte en nuestra prioridad número uno: las relaciones profundas pueden traer heridas, los riesgos pueden conducirnos al desastre, las confrontaciones no valen la pena, la fe y otras cosas invisibles nos conducen a ilusiones. Nos volvemos insensibles, desviados, distraídos, perdidos en las masas, cautivados, obsesionados . . . cualquier cosa que nos guarde de enfrentar algo que nos lastime.

Pero si vemos el gozo como una evasión del dolor, enfrentamos un gran problema. La evasión requiere barreras. Y las barreras, no importa lo bien construidas que estén, tienden a mantener fuera tanto lo bueno como lo malo. Digamos que nos engañan en una relación y el dolor nos conduce a prometer que nunca nos acercaremos a nadie más. Levantamos una barrera. Estamos seguros. No más dolor. Pero también no más compañía, no más risa, no más secretos compartidos, no más amor. Lo único que nos deja la barrera es un doloroso vacío.

La Biblia no aconseja el andar con tanta precaución. Cuando se trata de definir el gozo, hay cierta amplitud en la selección de las palabras. El gozo está enmarcado en lo positivo: ser, hacer, confiar, arriesgar, amar. Desde la perspectiva bíblica, el gozo no es defensivo, sino más bien inherentemente ofensivo. Hay que derrumbar barreras, no levantarlas. En lugar de escondernos en rincones seguros, corremos hacia la vida a toda velocidad, abrazando lo que nos ofrece. La vida en su plenitud demanda plenitud de experiencia. Demanda que participemos activamente en la voluntad de Dios, y la voluntad de Dios es — si nada más — vehementemente experimental.

El problema con definir el gozo en sentido positivo es que, puesto que vivimos en un mundo pecaminoso, experimentar la plenitud de la vida significa experimentar dolor y fracaso. Pero Jesús sabía eso, y aun así habló acerca del gozo. Lo que necesitamos recordar es que el gozo del cual Jesús habló era diferente. Tenía muy poco que ver con la satisfacción de deseos e impulsos inmediatos, y sí todo que ver con agradar a Dios. Jesús vino a hacer sólo una cosa: lo que su Padre quería que Él hiciera. Con una determinación inconmovible de hacer la voluntad de Dios, escogió la senda espinosa y solitaria que lo demandaba todo. En tanto que otros nadaban con rodeos confundiendo el gozo con el placer,

Jesús siguió el camino duro con sometimiento, propósito, disciplina y constancia. Él sabía que al final, más allá de la cruz, había un gozo que podía estremecer aun la tumba más profunda. Uno puede sólo imaginar, bien avanzada una tarde con sus amigos, la calidad de la risa de Jesús. Era por lo menos igual a la sal de sus lágrimas.

Soñando en grande

Jesús no trató de fabricar el gozo, como si requiriera sólo materia prima. Él entendía que independientemente de lo que hiciera, el gozo no vendría a petición. El sometimiento de Jesús a la voluntad de Dios era, en su mismo corazón, un paso de entrega. Se entregó a sí mismo al cuidado de Dios, creyendo que Él proveería para sus necesidades, independientemente de las circunstancias o de la profundidad de la emoción. Más que ningún otro hombre en la historia, Él arriesgó su confianza. Creyó que Dios proveería, contra todas las probabilidades, aun contra la bestia maligna de la muerte. Jesús confió. Y el gozo vino como un regalo.

Paradójicamente, la dependencia de Jesús en Dios lo liberó. Lo equipó para servir. Libertado a través de la fe de las demandas de los apetitos y la seguridad, era libre para soñar, no las insignificancias y pequeñeces de los perseguidores del "sueño", sino el sueño revolucionario de amar como Dios: liberando a los esclavizados, sanando a los enfermos, dando vista a los que tropezaban en confusión, alimentando a los hambrientos, levantando a los muertos, dando esperanza a los que estaban en las sombras, reparando corazones. Perdiendo su vida — verdaderamente perdiéndola por causa de otros — Él encontró en ella toda su plenitud. Y tropezó con un gozo inconmovible.

¿De qué tamaño es el sueño de usted? ¿Es acaso el débil y egoísta? ¿Es la incesante, insensible persecución del placer? ¿O está usted tan agotado de energía y valor que ya no sueña más en lo absoluto? La Biblia es un libro que trata de sueños extravagantes, llena de los sueños extraordinarios de Dios: de enviar a su Hijo al mundo, de hacerse amigo de los seres humanos, de amar sin condiciones, de transformar los corazones, de destruir el pecado. Todo eso para que usted y yo podamos arriesgarnos a un sueño mejor y más grande. Un sueño que nos sorprenderá con el gozo.

———

John y Gwenn Tindall: Gozo en el quebrantamiento

"¿No es acaso el gozo más significativo contra el telón de fondo del dolor? Si uno viviera la vida en una altura permanente, ¿cuándo conocería la emoción del gozo?"
Gwenn Tindall

Fue en el centro de masaje *The Body Electric* que Gwenn Schumacher se puso muy nerviosa. Se le revolvía el estómogo como si se hubiera tragado una cucaracha. El masaje, como si hubiera que decirlo, no funcionó: diecisiete dólares con cincuenta centavos — con el cupón de descuento — y una hora del día de su boda se había desperdiciado.

Ahora, en el estacionamiento, en el color grisáceo de un cielo de asfalto, con sus músculos en tensión sonando la alarma, una vez más se ha retirado a la oración. Presiona su cabeza sobre el volante. En tiempos como esos, su resistencia (casi legendaria por necesidad) toma la forma de súplica y alabanza que se alternan saliendo a toda velocidad. *Gracias, Padre, por mis niños . . . Ayúdales a sentirse seguros y amados . . . Gracias por John, ayuda a que la boda salga bien . . . Gracias por los muchos milagros que has hecho en mi vida . . . Tú sabes que en este momento me siento agobiada, dame paz . . . Y, Padre, por favor, ayúdame a arreglarme el pelo bien . . . Amén.*

Realmente, es más una conversación que una oración. Sin formalidades, simplemente necesidades profundamente senti-das, no importa lo pequeñas; más una historia personal del hábito de conectar la oración con nada menos que la supervivencia.

Le da vuelta a la llave y a la conversación. La noche de bodas. "Siempre y cuando las luces estén bajas — dice ella —, estaré bien." Se ríe con una risa de expectación nerviosa, rebosando con los desatinados tonos altibajos de ansiedad y gozo.

John Tindall es, por lo general, un tipo del género lógico. Sereno, razonable, adicto a cuellos de cisne y a pagar las cuentas, la clase de hombre con el que uno se sentiría cómodo, digamos, en un parque de diversiones. O en una trinchera. Ordena sus pensamientos, come helado con cierta metódica desenvoltura. Este día de su boda con Gwenn Schumacher —el 16 de noviembre— en muchos aspectos, es nada más que otro día. Está sentado en la cocina, sorbiendo jugo de manzana y envolviendo en papel plateado el regalo de Frederick: nada parecido a Hollywood, no tiene las manos sudorosas ni una sonrisa satisfecha, sino una simple sonrisa que parece, cuando se disipa, como seda.

Para un hombre que ha caído de las alturas, parece que las cosas se han estabilizado.

———————

Superficialmente, John y Gwenn, unas horas antes de su boda, parecen compartir muy poco más que una cita para un vínculo interminable. En casi todos los niveles externos, hay diversidad. Gwenn tiene treinta ocho años, y es viuda con dos hijos; John tiene veintisiete. Gwenn es escrupulosa y bien ordenada; se preocupa por las pequeñeces, abrigando cierta incertidumbre acerca de lo que puedan pensar los demás. John es más sosegado, casi desordenado; algunas veces ni siquiera se afeita. En lo que a personalidad se refiere, parece que se abarca el espectro: Gwenn es espontánea, sencilla, transparente, extrovertida, aparentemente más propensa a la inseguridad y a momentos con gozo; John no es tanto así, sino más externamente sereno e internamente impetuoso, con una predilección por presionar los límites, un arriesgado sutil.

Pero en lo más profundo, donde han vivido su vida, comparten corazones que han sido quebrantados más allá del punto de la desesperación, triturados e insensibilizados por las circunstancias, profunda e inconcebiblemente conmovidos por el amor y la gracia de Dios y —con cada nuevo momento de intensa dependencia— sanidad. Ambos saben lo que significa descender, sin control.

También comparten posibilidades: de luchas y de gozo, ambos al nivel de lo aparentemente imposible.

———————

Reagan, la hija de Gwenn que tiene quince años, está en el baño preparándose para la segunda boda de su madre. Está luchando con un ataque de risa, esa clase de risa con hipo a la que las muchachas adolescentes son tan singularmente propensas y — cuando puede volver a respirar — canta a la par de una canción en el radio. *Dame algo en lo que pueda creer, algo en lo que pueda creer*... Lo que ella pensaba que era un frasco de laca sin etiqueta resultó ser una cosa para evitar que los gatos usen otro lugar que no sea su caja de serrín. Algo repugnante. Está haciéndola morir de risa, volviendo su voz estridente. Todo al mismo tiempo... *Dame algo en que pueda creer*... Los ánimos, huelga decir, están exaltados.

Parece una adolescente típica.

Hace sólo dos años, cuando tenía trece, ella fue la que encontró el cadáver de su padre. Estaba en la esquina del dormitorio de la casa donde vivían, envuelto en una colcha, consumido, casi hasta los huesos, indeciblemente triste. Todavía recuerda el momento en que lo tocó, la inesperada sensación de la carne fría, el helado hormigueo que se extendió por todos sus nervios. El incidente la sacudió, pero no la sorprendió. Aun a su temprana edad sabía que el alcoholismo de su padre lo conduciría a eso. En cierto sentido se sintió aliviada: ya no tendrían que soportar más el maltrato ella y su familia. Su padre ya no tendría que soportar más la humillación y el dolor del deterioro. Pero con todo, sentía dolor. Mientras llegaba la ambulancia, recordó las últimas palabras que le dijo su padre. A través del ofuscamiento de una borrachera, casi más como una súplica que como una declaración: "Te quiero."

La canción se desvanece... *Dame algo en lo que pueda creer*... Reagan ha encontrado la laca y, recién recuperada del ataque de risa, su pelo, así como su serenidad, están de nuevo en su sitio.

———————

Hubo un tiempo en su vida cuando John Tindall pensó que nunca vería el día de su matrimonio. En realidad, hace apenas unos años, pensó que nunca vería otro día. La buena vida lo había dejado sin recursos. Inmediatamente al salir de la universidad, se hizo un ejecutivo de publicidad de gran influencia y muy rápidamente tenía todo lo que el dinero, o por lo menos una tarjeta de crédito, podía comprar. Iba a Cancún con su novia casi sin aviso. Compró dos autos nuevos en menos de dos años. A menudo suspendía el trabajo para pasar tardes en la playa. Bebía como una cuba, a menudo llenaba su tanque de gasolina a expensas de la compañía, y se daba una vida sensacional.

"Pensaba que lo tenía todo", dice John. Pero terminó sin nada. Inexplicablemente, la depresión, la cual lo había puesto al borde del suicidio cuando estaba en la universidad, volvió. Renunció a su trabajo en busca de uno mejor (en el sur de California, desde luego), del cual terminó renunciando. Perdió a su novia, con la que se había comprometido oficialmente sólo para impedir que la relación se desintegrara. Los problemas de amor propio, arraigados en la separación de su familia que experimentó en internados para hijos de misioneros cuando era niño, volvieron para atormentarlo. Bebía para escapar, para encontrar alivio: de las emociones reprimidas que tenía acumuladas adentro y de las realidades de enfrentarse con la vida.

"Los buenos tiempos eran buenos — dice John —. Pero siempre eran muy cortos . . . y llega un día en que hay que pagar la cuenta." Para John, ese día llegó en enero de 1988. En Michigan pagan por devolver las botellas y las latas. John había sido reducido a deambular por la orilla de la calle, buscando algo para su próxima bebida. Su mejor amigo se iba a mudar a Iowa y el invierno era frío y entumecedor. Decidió tomar su auto y conducir en dirección a Cayo Hueso hasta donde le alcanzaran los veinte dólares. Podría viajar el resto del camino pidiendo que alguien lo llevara. Quería ser un vagabundo. Llegó hasta un lugar de descanso en Indianápolis antes de recuperar su sentido. Regresó a casa, admitió que tenía un problema con la bebida, llamó a sus padres y les preguntó si podía vivir con ellos. Ellos aceptaron, pero con una condición: que fuera a la iglesia.

———————

En el salón de belleza *Doubletake*, a Gwenn Schumacher, vestida con pantalones negros elásticos, una desaliñada camisa blanca de mangas cortas y su velo de novia, no le está alcanzando el tiempo. Son las 2:33, lleva horas en el salón y su pelo no está perfecto todavía. Normalmente compasiva y amante de las bromas, Gwenn, en las palabras de una de las estilistas, se ha convertido en "una caprichosa".

— He esperado largo tiempo por este día — dice Gwenn —, y quiero que mi pelo esté perfecto.

Al principio, está muy abultado, después muy aplastado, entonces muy abultado de un lado, muy aplastado del otro, y además hay aletas evidentes.

— Gwenn, dime cuando logremos hacer *algo* bien — le dice una de las peluqueras en tono de broma.

Desde los carteles, jóvenes perfectas, con rostros frescos y firmes, con peinados diseñados para implicar grandes declaraciones, contemplan la escena, demasiado viejas y unidimensionales para una buena zurra. Sobre un piso de cuadros blancos y negros, como en un juego de ajedrez tan grande como la vida, un multitud se ha reunido alrededor de Gwenn, la reina del día. *Aletas.* Allí están Reagan y Scottie, su hijo de once años, tres peluqueras, entre uno y cinco clientes y un hombre grande con un tatuaje de Harley, que dice continuamente: "Ya está perfecto." *Demasiado aplastado.* Desde las requeridas bocinas circulares de cuatro pulgadas en el techo específicamente diseñadas para convertir las voces en chicharras, Whitney Houston quiere bailar con alguien. *Demasiado abultado.* Se pierden los minutos, sucumbiendo a la acrimonia de los olores, la urgencia de las voces.

El ambiente no es sólo el producto del perfeccionismo de Gwenn; son los nervios. En un par de horas, su vida se cambiará para siempre. No es tanto que esté asustada por la posibilidad del fracaso. ¿Qué pudiera ser peor que haber vivido durante dieciséis años con un alcohólico abusador y suicida? Exactamente lo opuesto. Hay una posibilidad genuina para el regocijo: el regalo de Dios de una segunda oportunidad en la vida. ¿Qué ha hecho ella para merecerlo? O, por lo menos, ¿cómo puede evitar la desconfianza? *No quedó bien.*

Ajusta el velo para esconder las lágrimas. Por las bocinas se escucha una canción popular de la década de los años cincuenta: *Las muchachas grandes no lloran.* La sincronización, si uno cree en milagros o en un sentido divino del humor, es sorprendente. Para un incrédulo, increíble.

La boda de John Tindall y Gwenn Schumacher no se hizo exactamente en el cielo. Un poco al sur de aquel lugar, bien al sur. Exteriormente, había toda clase de señales de advertencia. Dos personas necesitadas. Una, una mujer que vivió con un alcohólico durante dieciséis años tortuosos; la otra, un alcohólico en proceso de recuperación. Las banderas rojas estaban dondequiera. La bandera roja de la codependencia, una alianza peligrosa de dos personas necesitadas, aferrándose una a la otra en un desesperado intento, autodestructivo al máximo, de encontrar la satisfacción de sus necesidades. La bandera roja de una niñez malsana, en la cual ambos sufrieron por falta de amor propio e intimidad. Las banderas rojas de la diferencia de edad, diferencia de temperamento y un historial de adicciones pasadas: John, al alcohol; Gwenn, a la comida. Había tantas banderas rojas que casi dejaron en bancarrota los negocios de banderas rojas. Había tantos patrones nocivos, tanto problemas preexistentes, que la posibilidad del vuelo parecía como un deseo de morir.

Pero allí estaba Dios. El Dios de lo imposible. El Dios de la segunda oportunidad. Pero, aun eso, a la vista de tales circunstancias, no era suficiente. Según los pastores de la iglesia a la cual asisten John y Gwenn, la posibilidad de su matrimonio implicaba una unión de Dios y fe. Ambos tenían un compromiso serio de renovar su mente en sabiduría bíblica. Aprendieron y aplicaron lo que Dios tenía que decir acerca de la paternidad, las relaciones, Dios, abuso de sustancias, solución de conflictos y muchos otros temas. Estaban dispuestos aun a poner a un lado los planes de matrimonio, si era necesario.

Separadamente al principio, y después juntos, John, Gwenn y los niños comenzaron a dar "pasos de aprendizaje" a través de los ministerios de su iglesia. Mostraron un espíritu dispuesto a aprender y una profunda dependencia de Dios mientras descendían hacia los problemas de sus pasados y sus dolores, desesperación y fracaso.

Uno de los pastores que trabajó con John y Gwenn dice: "No se concentraron en lo que no sabían o lo que pudiera traer el futuro, sino en el próximo paso: qué podemos hacer para ocasionar sanidad en *este* aspecto específico." Mientras trabajaban a través de los ministerios, aprendieron acerca de problemas tales como la codependencia, la ira reprimida en los niños, patrones destructivos, adicciones, falta de amor propio . . . Se percataron de sus dificultades preexistentes: emocionales, relacionales y espirituales.

También mostraron una disposición de aplicar los principios de Dios, por muy dolorosos que pudieran ser, a sus vidas destrozadas. Ha habido mucho progreso, y hay un largo camino por recorrer. John y Gwenn saben que no existen garantías. Ambos han aprendido, sin embargo, que no pueden depender de sí mismos para su propia felicidad. Deben confiar en Dios, permanecer sometidos a Él y uno al otro, y ver qué sucede. El gozo, si llega, los sorprenderá.

Una hora antes de la boda, el peinado de Gwenn al fin quedó bien, pero se le olvidó la tarjeta con sus votos matrimoniales. Ella no quiere inventarlos. Frente al espejo de pared del cuarto de la novia, esfuerza su memoria y pronuncia las palabras en medio de abrazos de aliento y lágrimas de gozo. "Ardo en deseos de verlo", le dice a casi todo el mundo.

Hay el barullo usual que precede a una boda: una caótica, pero fácilmente previsible sucesión de sucesos: las acostumbradas palmadas en la espalda, las tiernas sonrisas, la ordenada confusión de músicos afinando, las notas en secuencia — quién va dónde y cuándo —, pruebas de sonido y relámpagos fotográficos, las fotos que finalmente se pondrán amarillas con los años en un álbum de recuerdos.

En la agitación, es fácil sentirse perdido en la multitud. Especialmente si uno tiene once años y su madre se está casando. Scottie es rubio y apacible, tierno de corazón, incómodo en las multitudes y mucho más delante de la cámara. Mientras el fotógrafo de la boda toma fotos inmóviles, sorprende a Scottie medio desplomado, medio sonriente: ese desgarbado, larguirucho momento en el tiempo en que el niño se encuentra con el joven y ni siquiera se reconoce a sí mismo. El smoking, demasiado grande, destaca el contraste.

Scottie es una representación de muchas cosas: nostalgia, gracia, inocencia engañada, heridas enterradas y, hasta cierto punto, esperanza restaurada. Todavía extraña a su padre real, el que lo fastidiaba, lo llamaba idiota, mongoloide, inútil. El padre que una vez lo tiró contra la pared. Cuando no bebía, dice Scottie, tenía buenos recuerdos: iban a la playa, volaban cometas, jugaban a los escondidos. Él amaba y odiaba a su padre. Como la vez en que Scottie estaba lanzando en un juego de béisbol de jugadores estrella, y su padre vino borracho y le lanzó obscenidades e insultos a su hijo. "Yo trataba de simular que él no era mi padre", dice Scottie.

Después del funeral, escribió una nota a su padre: "Querido papá, te voy a extrañar. Si alguna vez recibes ésta, quiero decirte que esto te pasa por tomar drogas y beber. En cierto sentido es mejor que te hayas muerto en la casa, no en la calle. Voy a echar de menos tu ayuda con mis tareas."

Fue a través de Scottie que Gwenn conoció a John. Scottie estaba en un ministerio en la iglesia de John, aprendiendo acerca de la ira y las heridas y John era uno de los maestros. A la larga tanto Scottie como su mamá se enamoraron de John. Ninguno de los dos tenían la intención de que sucediera eso.

Una vez más, Scottie tiene esperanza de felicidad. "Lo mejor de Dios para mí es hacer que yo y mamá y John y Reagan seamos una familia." La esperanza es sólo *una* de las emociones que, en su silencio, bulle en lo profundo. Sólo seis semanas antes de la boda, su hermana estaba en el baño y, como suelen hacer las adolescentes, se demoró más de la cuenta. Scottie quería entrar. Buscó su bate de béisbol.

En la puerta, una hora antes de la boda de su madre, todavía está el hueco.

John y Gwenn creen en milagros. Ellos han tenido, dicen, experiencias de primera mano. Su relación con Jesucristo y su dependencia de Él para satisfacer sus necesidades han transformado su vida, sus perspectivas y sus sueños. Se les han dado suficientes segundas oportunidades para descender hacia el gozo.

La lista de milagros puede ser interminable. Ambos han experimentado lo "mejor" de lo que el mundo puede ofrecer, y lo peor. Hace nada más que unos años, ambos eran, en un momento o en otro, suicidas. Ahora, se aferran a la vida. Hace poco, ambos eran adictos: John revolviendo latones de basura en busca de envases de lata para comprar más alcohol; Gwenn comiendo hasta alcanzar 110 kilos y casi morir por el daño a su salud. Ambos están ahora saludables, despojados de la carga de ceder a conductas compulsivas. A través de la separación y la muerte de su primer esposo en 1988, Gwenn ha sido libertada del maltrato — las obscenidades, los ataques con el desmontador de neumáticos, las pesadillas de sus hijos — y, a través de eso, ha aprendido cómo mantener una conversación continua con Dios. Tanto Reagan como Scottie, mediante su propio deseo de sanidad, están buscando ayuda para desahogar sus emociones reprimidas.

El milagro más grande que han experimentado, sin embargo, es el milagro de la iglesia. La enseñanza de la Palabra de Dios, por seguro, pero mucho más, el pueblo de Dios. A través de los ministerios, han desarrollado relaciones humanas que han cambiado su vida. John dice: "Dios nos dio estas personas. Son regalos valiosos e increíbles en nuestra vida." Dice Gwenn, sin dejar lugar a dudas: "Sin la iglesia, creo que no estaríamos vivos."

Debido al ministerio de la iglesia a ellos, ahora ellos están capacitados para servir a otros. "Esta es la belleza del cuerpo de Cristo — dice John —. Hay personas que usan sus dones para servir. Uno puede tomar lo que necesita y después, cuando puede, devuelve con lo que puede dar. Este es el cuadro completo: ser servido para poder servir."

El ministerio de John y Gwenn en la vida, la declaración de su propósito, ha cambiado de manera espectacular. Han visto la falacia de las prioridades mundanales: buenos tiempos, búsqueda del placer, ganar dinero. Han visto que esas prioridades están en la bancarrota, casi sanguinarias. A través del quebrantamiento, Dios ha reestructurado de manera sorprendente su sistema de valores. "Lo que hemos aprendido — dice John —, es que la vida trata de hacer una diferencia en la vida de las personas."

Su ministerio, por ahora, está estrechamente concentrado y altamente definido: crear una familia amorosa. Es un impacto, dicen ellos, que puede durar por toda la eternidad.

"La influencia que yo pueda ejercer en Scottie — dice John a manera de ejemplo — puede continuar haciendo una diferencia después que yo haya dejado este planeta. Si puedo edificar su amor propio, de manera que él pueda saber que es importante, y si él puede trasmitir eso a sus hijos, entonces hemos derribado un patrón destructivo. Para mí, eso sería una gran victoria, porque no sólo pueden ser trasmitidos los patrones negativos, sino también los positivos."

El gozo es una posibilidad real. "Antes me sentía como un mapa de camino", dice Gwenn. Ahora, dicen, hay dirección. "¿No es acaso el gozo más significativo contra el telón de fondo del dolor? Si uno viviera la vida en una altura permanente, ¿cuándo conocería la emoción del gozo?"

En el altar, John, Gwenn, Reagan y Scottie están de pie, ahora como una familia. Hay lágrimas. John, en cuestión de minutos, se está convirtiendo en esposo y padre. Está concluyendo sus votos. "Doy gracias a Dios por el milagro de esta relación", dice. Para John, Gwenn, Reagan y Scottie, es otro en una serie de milagros.

El pastor habla de dependencia, la música celebra la amistad y la ceremonia termina. El señor John Tindall y señora, con su familia. El anuncio de la gracia de Dios.

Ha terminado la luna de miel. John y Gwenn, como han sabido durante todo el tiempo, están conscientes que el camino que han de seguir no es fácil. A estas alturas, algunos viejos patrones ya se han asomado. Gwenn se levantó en medio de la madrugada luchando contra el impulso de comer. Scottie estuvo demostrando más patrones de ira. John está luchando con sentimientos de rechazo. Reagan ha estado sospechosa de los nuevos arreglos familiares, específicamente de la disciplina, el nuevo orden.

Cada vez, sin embargo, han traído las necesidades delante de Dios con un sentido de profunda dependencia. Ha habido progreso. La situación no permanecerá siempre igual.

Ellos saben que es el proceso lo que importa. "Todos estamos bien conscientes de las necesidades, de los problemas que traemos a este matrimonio — dice John —. Pero por lo grande que son las necesidades, sabemos que, día tras día, necesitamos un Dios grande. Necesitamos un Dios que sea más grande y más poderoso que nosotros. Es emocionante vivir sabiendo que uno necesita a un Dios grande."

Epílogo

John adoptó oficialmente a los niños unos meses después. Ahora son Tindalls. Scottie fue diagnosticado con un trastorno de deficiencia en la atención y, a través de consejería y medicamentos, ha mejorado grandemente su lapso de atención y sus notas han mejorado de "regular" y "deficiente" a "excelente" y "bueno" mayormente. Está destacándose en carrera y béisbol. Reagan, extrovertida y agradable, es una dirigente en el grupo de jóvenes de su iglesia y atleta en el colegio.

John y Gwenn continúan siendo los mejores amigos.

CAPÍTULO 8

LA GRANDEZA

Una senda descendente

Sigan realizando su salvación con temor y temblor, pues Dios es quien produce en ustedes tanto el querer como el hacer según su buena voluntad.

Filipenses 2:12-13 (NVI)

Yo quisiera, para mí mismo, poder tener una definición sucinta de la movilidad descendente. Algo que pudiera sacar de mi billetera, desdoblar y leer. Algo bien definido en blanco y negro: tinta sobre un papel. Algo que me dijera, sin incertidumbre, cómo descender constantemente hacia la grandeza de Dios.

En mi propia lucha con el descenso, deseo constantemente una definición clara. *Mantén tu salario al mínimo. Regala todas tus posesiones. Rechaza títulos de honor. Resiste la fama. Abraza a gente de la calle.* Eso facilitaría las cosas. A menudo, estoy más que dispuesto a descender, pero no estoy seguro de cómo se realiza eso en mi mundo de todos los días. En realidad, mientras más profundamente penetro en la fe y en las circunstancias de la vida, más dificultad tengo en distinguir cómo descender.

Hace varios años, mientras preparaba una serie de mensajes sobre el libro de Filipenses, el concepto de descender hacia la grandeza me conmovió con tal fuerza que casi me derriba. Quizás fue su misma resistencia a definiciones fáciles lo que me impresionó así. El concepto resiste ser reducido a una serie de reglas. No podía definirlo con cifras salariales, títulos o posiciones de poder. Sin embargo, parecía tener inherente un sentido concreto intencional. Aunque la idea de descender era, y es todavía, algo difícil de definir, claramente requiere una decisión. Cualquier cosa que signifique, descender hacia la grandeza es el camino de Jesucristo. Si queremos seguir en la senda del Hijo de Dios, tenemos que descender conscientemente.

En mi opinión, descender es primordialmente un asunto de actitud: *¿Qué es más importante para mí? ¿Qué impulsa mis pensamientos y acciones? ¿Qué me da una sensación de valor?* Curiosamente, el cristianismo, en su forma más pura, no está empeñada en la satisfacción de uno mismo. Su propósito predominante es simple y al grano: que venga el reino de Dios. Los cristianos, entonces, son los que se suben las mangas para llevar adelante el reino de Dios. Se dan a sí mismos en amor, para que Dios y otros puedan recibir. Toman decisiones no sobre la base de factores económicos, sociales, o de condición, sino con una sola pregunta en su mente: ¿Trae esto el reino de Dios sobre la tierra más cerca de la realidad?

Descender, a diferencia de la satisfacción de sí mismo, implica vaciarse: echar a un lado los deseos y placeres egoístas de uno, para que se pueda considerar el bien de otros. La fe cristiana, cuando funciona correctamente, es más un asunto de dar que de recibir. Eso es muy claro en Filipenses 2 cuando Jesucristo, el mismo Hijo de Dios, cede los privilegios divinos y la adoración, se despoja a sí mismo, se convierte en un siervo, se humilla a sí mismo, se hace obediente y muere en la cruz. Su propósito predominante: llevar adelante el reino de Dios. Es obvio que Jesús hubiera desaprobado aun la clase más elemental de "satisfacción de sí mismo".

Pero hay en Filipenses, y en la vida, un giro curioso. A continuación del versículo 8 del capítulo 2, el autor declara: "Por eso Dios lo exaltó hasta lo sumo" (NVI). Al entregarse a sí mismo completamente, sin ninguna ambición egoísta, recibió todas las cosas. A los cristianos también se les promete gozo y recompensas de Dios cuando se entregan plenamente a sí mismos en amor incondicional a otros. Hacia abajo — esos pasos que nos alejan de la complacencia de nosotros mismos y nos acercan a Dios y a otros — misteriosamente se convierte en hacia arriba.

Me puedo identificar. Yo sé lo que se siente al dar pasos gigantes hacia abajo — hasta el punto de sentirme como si estuviera cayendo hacia un abismo — y sin embargo, aterrizar en el pináculo de la gracia y la libertad de Dios. Como un adulto joven, sentí que Dios me pedía que abandonara el mundo mercantil para ejercer alguna clase de ministerio vocacional. Mi decisión de hacerlo puso en movimiento una serie de decisiones que implicaron una rápida e intensa caída. "Descendí" en el sentido de un hombre cuando salta de un avión.

La primera decisión — entrar en ministerio vocacional — fue una de las decisiones más difíciles de mi vida. Tuve que dejar el negocio de la familia, una compañía mayorista de productos agrícolas altamente próspera en Kalamazoo, Michigan. Esa decisión implicó más que un cambio de carrera; fue un cambio de llamado. Toda mi vida, mi padre me había preparado no sólo para asumir una posición de liderazgo en la compañía, sino también para ascender hacia la grandeza en todos los sentidos. Él creía en mí, y buscaba cada oportunidad para desarrollar mi potencialidad. Se deleitaba en lanzar desafíos en mi camino. Me enseñó a nunca decir: "No puedo." Yo ya podía conducir las camionetas de la compañía cuando estaba en primer grado y los equipos de trailers cuando estaba en sexto grado. Navegué solo en un bote de vela de catorce metros en el Lago Michigan cuando estaba en séptimo grado. Viajé por África y Europa solo durante ocho semanas cuando tenía quince años. Mi padre me enseñó a no tener miedo de lo desconocido e inculcó en mí el valor del trabajo duro. Él creía que no había fin para mi potencialidad.

Yo también lo creía. Después de dos años de la universidad y el estudio de la teoría del negocio me aburrieron casi hasta la muerte, regresé al negocio de la familia preparado para seguir en los pasos de mi padre. Me encantaba la adrenalina del mundo mercantil. Me apasionaba el desafío: hacer las cosas un poco más eficientemente, organizar mejor, maximizar los recursos. Y ganar una tonelada de dinero. Sabía hacia dónde me encaminaba y lo que quería.

Y entonces vino una insinuación del Espíritu Santo. El director de un campamento cristiano donde trabajaba durante el verano me llamó a un lado y me hizo una pregunta que me estremeció hasta lo más íntimo. "Bill, ¿qué estás haciendo con tu vida que durará para siempre?" La pregunta me persiguió. Comencé a darme cuenta de que toda mi existencia estaba envuelta alrededor de lo inmediato. Todo lo que estaba haciendo era egoísta y temporal. Esa pregunta me dejó desnudo y descubrí que sin los aviones y los barcos y los autos veloces tenía muy poco que diera significado a mi vida. Mientras continuaba trabajando en la compañía de productos agrícolas, me sentía más y más intranquilo. Finalmente, decidí que necesitaba servir al Señor más directamente. Deseaba estar en las líneas del frente de la batalla espiritual.

Cuando le comuniqué a mi padre de mi decisión, dijo: "Está bien, Bill. Entrega tus tarjetas de crédito y tus llaves del avión, del bote y de los autos. Y no abrigues ninguna idea de regresar."

Conseguí un trabajo en un departamento de embarque de una organización cristiana en la zona de Chicago. Ganaba el sueldo mínimo. Tenía diecinueve años. Nunca olvidaré la vez que mi padre vino a visitarme. Yo estaba de pie entre dos mujeres de edad madura, llenando envolturas de celofán con pequeños premios de plástico. Mi padre miró a su hijo, en quien él había fundado tan altas esperanzas. Aunque era de la clase que no cambia de opinión muy fácilmente, me llevó a almorzar y dijo: "Puedes tomar el avión conmigo y regresar a casa." Le dije que no; no quería perder la aventura. ¡Y lo dije en serio!

Esa elección implicó algo más que un solo paso descendente en lo económico y una pérdida de juguetes. Me mudé lejos de casa, donde, a través de mi apellido, las personas me habían reconocido y respetado. Mi red de amigos, que había agasajado mi ego juvenil, repentinamente desapareció. Ahora era simplemente un rostro en la multitud, un don nadie.

Entonces vino el próximo paso descendente. Decidí dar un estudio bíblico para un grupo de adolescentes en una iglesia en Park Ridge, Illinois. Era el sueldo de tiempo parcial por el trabajo de tiempo completo. No tenía la menor idea de si podía enseñar la Biblia con eficiencia, ni si tenía dones de liderazgo, pero me entregué de todo corazón al desafío. Pronto comencé a darme cuenta de las recompensas del descenso. El grupo de jóvenes creció de cincuenta a más de mil muchachos en tres años. Estoy convencido de que los resultados tuvieron muy poco que ver con mi inteligencia o la de los otros líderes. Más bien, Dios estaba complacido con una actitud, una disposición de usar cualquier talento que tuviéramos y cualquier recurso que estuviera disponible para llevar adelante su reino.

No hay manera de describir el júbilo que sentimos al ver ese grupo de jóvenes florecer. Vimos muchachos sacrificarse por la causa de Cristo y comenzar a servirse y amarse unos a otros. Vimos cientos de jóvenes venir a Jesucristo y recibirlo como su Salvador y Señor. Llegamos a observar como en toda la escuela secundaria la ley del más fuerte se disolvió cuando los atletas estrellas abrazaban a los atrasados mentales o la reina del deporte se sentaba con una del primer año que tenía el rostro lleno de marcas. Vimos adolescentes reunirse a orar por la salvación de sus padres. Aprendí lo que era ser parte de la familia de Dios.

Justo sobre ese tiempo, sucedieron dos cosas significativas: me casé y recibí un aumento de sueldo. Lynne y yo estábamos encantados con nuestras perspectivas para el futuro: un ministerio próspero, un sueldo razonable y un sentido de estabilidad. ¿Qué más podíamos desear? Entonces vino un nuevo llamado del Espíritu Santo a comenzar una iglesia. No importaba cuánto me esforzaba, no podía librarme de la idea, aunque traté de hacerlo. La idea era totalmente ilógica. Tendría que abandonar el grupo de jóvenes y el milagro que habíamos experimentado juntos. Tendría que cambiar lo conocido por lo absolutamente desconocido. Tenía veintitrés años; la mayoría de los que queríamos comenzar la iglesia no conocíamos a nadie mayor de treinta años. No teníamos dinero, ni experiencia, ni personas, ni facilidades, ni ancianos, ni localidad, ni estudios demográficos . . . ya tiene una idea. Lo único que teníamos era la buena voluntad y la disponibilidad, y yo no estaba muy seguro cómo se mantendrían en pie en contra de la posibilidad de un fracaso. Responder a ese llamado sería claramente una nueva altura para mí en el arte de descender.

Lynne y yo acabábamos de comprar una casa del porte de una caja de galletas y la habíamos amueblado con cosas prácticamente regaladas de baratillos. Para poder sobrevivir por el primer par de años, tomamos inquilinos, vendimos posesiones y Lynne daba clases de flauta. Hubo momentos en que no sabíamos de donde vendría la próxima comida o el próximo pago de la hipoteca. Dios usó esa era para despojarme de mi orgullo y sentido equivocado de valores. Cuando crecía, siempre había estado en una posición de tener, de poder y de dar. Nunca había tenido que depender de nadie para nada. Había estado orgulloso de mi independencia. Ahora las cosas estaban al revés. Uno de mis amigos de toda la vida, Joel Jager, creció conmigo en Michigan. A causa de que había una brecha socioeconómica gigantesca entre su familia y la mía, yo tenía definitivamente un "margen material"; en realidad, mi padre le había comprado a Joel su primer auto. Secretamente me gustó ese arreglo. Pero cuando ambos nos mudamos a la zona de Chicago y comenzamos una nueva iglesia, las cosas cambiaron. Joel encontró un trabajo de alto sueldo en una fábrica de herramientas; él me prestó el dinero para vivienda y alimentos. El descenso fue doloroso al principio, pero me enseñó en un lenguaje inolvidable acerca de la belleza y el beneficio de la interdependencia, la humildad y el amor.

Comenzamos la iglesia en un cine alquilado en 1975. En el término un año, había una asistencia de mil personas cada domingo. Para 1978 ese número se había duplicado. Se atestaba el lugar en los tres cultos de la mañana, así que decidimos comprar un terreno y construir un edificio. Nos habíamos puesto a la disposición de Dios y Él nos usaba; teníamos que pellizcarnos para estar seguros de que no estábamos soñando.

No me daba cuenta de que estaba a punto de experimentar una nueva forma de descenso. Ese paso descendente fue como si se hubiera caído el piso. Sin saberlo, algunos de nosotros, líderes jóvenes y celosos, nos habíamos vuelto adictos al ministerio. Cada día estábamos mirando vidas transformadas y el curso de la eternidad cambiado. Cientos y cientos de personas estaban llegando a conocer a Cristo y encontrando su lugar en una verdadera comunidad de compañerismo y apoyo. Había una electricidad y un amor. Dios estaba obrando en formas extraordinarias.

Y mientras más obraba, más difícil se nos hacía separarnos. En un esfuerzo por ver más fruto, trabajábamos cada vez más horas. *Si trabajamos setenta horas a la semana y tocamos tantas vidas*, razonábamos, *¿qué sucedería si trabajáramos ochenta horas, o noventa?* Descuidamos a nuestra familia, nuestra salud y los unos a los otros. No había una estructura verdadera para rendir cuentas. El ritmo muy pronto nos agobió; comenzaron a aparecer grietas en los cimientos: agotamiento, descuido en las relaciones, pecado.

Uno de los cofundadores de la iglesia se fue y en un año se había divorciado. Con su partida, otros del núcleo de la iglesia también se fueron. Donde una vez hubo amor y confianza, ahora había crecientes temores y sospechas. Para empeorar las cosas, estábamos en medio de un gran programa para levantar fondos para unos locales que ya estaban en construcción.

Las circunstancias comenzaron a caerme encima. En el transcurso de un año, mi padre murió y había desaparecido la persona cuya fe en mí me había modelado. Mi esposa perdió un embarazo. Mi matrimonio comenzó a desintegrarse a causa de los efectos de la adicción al trabajo. Mi mejor amigo y cofundador de la iglesia se había ido. El personal se estaba agotando y el núcleo se estaba dividiendo. Me culpaba a mí mismo por el quebrantamiento. En medio del dolor, pasé una noche entera postrado con el rostro en el suelo de nuestra sala suplicando perdón, y una oportunidad más. Esta vez no habría compromisos; lo haríamos a la manera de Dios. Es difícil describir hasta dónde descendí esa noche. Fue mi oración de Getsemaní. Había, al mismo tiempo, un dolor agudísimo y un alivio tranquilizador. Lo entregué a Dios y me sentí satisfecho de dejar los resultados en sus manos. En una habitación llena de muebles de segunda mano, experimenté en una forma totalmente nueva la riqueza de la gracia de Dios.

Lentamente las cosas comenzaron a volver a su lugar. A través de una intervención sobrenatural, la iglesia se recuperó, llegaron fondos para el edificio, se establecieron relaciones de responsabilidad mutua y Willow Creek está floreciendo hoy. También yo me recobré y comencé a establecer un equilibrio mejor en mi vida personal. Reconstruí mi matrimonio e hice de mis hijos una prioridad. Mis circunstancias externas también comenzaron a mejorar. Hoy vivo en una casa cómoda y ya no tengo que preocuparme de donde vendrá el dinero para los alimentos y la hipoteca. La vida no es ni con mucho tan complicada como solía ser antes.

Externamente, de toda maneras. Internamente, donde mi fe roza contra la realidad, es diferente. Ahí, la vida parece más complicada que nunca. Descender ha venido a ser una decisión y con la decisión vienen nuevas presiones.

En mis primeros años de ministerio, cuando Lynne y yo ganábamos menos que suficiente para pagar nuestros propios gastos de mantenimiento, no teníamos que tomar decisiones para descender. Responder al llamado de Dios en nuestra vida requería descender. Comenzar una iglesia sin dinero, sin gente y sin edificio hacía que el descenso fuera inevitable. Vivíamos con poco porque teníamos que hacerlo. Diezmábamos de cualquier exceso que teníamos porque la iglesia lo necesitaba y servíamos porque había tanto que hacer y tan pocos para hacerlo. Hasta cierto punto, descendíamos automáticamente.

Eso no quiere decir que descender era fácil. Dios usó esos años, creo, para despojarme de mi dependencia de cualquier persona y de cualquier cosa que no fuera Dios. En primer lugar, Él tomó las cosas de placer, las máquinas y los juguetes de mi juventud. Después quebrantó mi espíritu independiente, o dicho más sencillamente, mi orgullo. Me obligó a estar tan necesitado que *tuve* que ver la belleza de la ayuda amorosa de la familia de Dios. Hubo períodos en las que Él detuvo las alabanzas de otros y yo tenía sólo su susurro de aprobación para aferrarme a Él. Él me hizo enfrentarme con la pérdida de todo y posiblemente con el espectáculo del ministerio desmoronándose delante de mis ojos. Constante y poderosamente, Dios me guió en la senda descendente para poder arrancar de mi vida todas las púas cortantes que me estorbaban de ser un siervo eficiente.

Ahora, externamente, muchos considerarían que yo he tenido "éxito". Willow Creek es visible a través de la nación y del mundo. Tengo un sueldo razonable y he escrito algunos libros. Algunas personas pueden citar la reciente trayectoria ascendente de mi vida como evidencia de que carezco de credibilidad para ser el autor de un libro acerca de descender. Y quizás tienen razón. Si nuestro descenso hacia la grandeza de Dios puede medirse con precisión mediante el bajo número de cifras que adornan nuestro cheque de sueldo o mediante lo bajo que es nuestro título en el trabajo o mediante lo desconocidos que somos para el público, entonces tendría que estar de acuerdo. ¿Pero es correcta esa suposición fundamental? ¿Son los sueldos y los títulos y el reconocimiento — o la falta de éstos — la verdadera medida del corazón de uno?

Las historias de la vida real en este libro sugieren otra cosa. En los capítulos anteriores usted ha leído acerca de personas de diferentes orígenes, profesiones y clases económicas. Comparten muy poco salvo un deseo de determinar en su propia vida lo que significa descender para avanzar el reino de Dios. Para cada uno, la senda es diferente, basada en la dirección específica del Espíritu Santo para ellos. Ninguno de ellos ha visto, ni mucho menos alcanzado, el último escalón. Es siempre una lucha, mezclada a lo largo del camino con lluvias sorpresivas de gozo.

En esta etapa específica de mi vida, mi descenso ha llegado a complicarse por las opciones. Pocas de las sendas que hay frente a mí ahora en realidad descienden espontáneamente. Responder al llamado del ministerio de Dios en mi vida ahora rara vez hace las mismas exigencias económicas y de estilo de vida que antes. Ahora tengo que tomar decisiones conscientes para descender. Hace cinco años decidí congelar mi sueldo de Willow Creek. Eso era, en parte, para proteger a la iglesia de informes periodísticos de que el pastor estaba ganando un sueldo considerable. Pero aún más importante, no quería facilitar un estilo de vida de un "ascenso" constante en mi propia vida. En nuestros donativos, ya sea a nuestra iglesia o a individuos en necesidad, Lynne y yo sinceramente tratamos de responder con generosidad a las direcciones que recibimos del Espíritu Santo. Hemos tenido la bendición de ayudar a los pobres en varias partes del mundo y el privilegio de ayudar a pagar la formación de algunos que no pueden obtener preparación profesional para el ministerio.

Menciono esas decisiones no para llamar la atención a nuestra liberalidad — nunca hemos dado nada en una forma heroica o en una forma digna de honor — sino para subrayar la lucha. Diariamente, batallo con las preguntas. ¿Soy un traidor a Filipenses 2 porque no doy ya más todo mi ingreso en exceso a la iglesia de la misma manera que hacía hace diez años? ¿Es indebido que ahorre fondos para los estudios universitarios de mis hijos? ¿Le sería más provechoso a una persona especialmente necesitada beneficiarse de mi asistencia económica o enfrentar las consecuencias de una conducta irresponsable?

El éxito no sólo exige decisiones severas acerca de cómo usar el dinero; también nos hace trabajar más duro para mantener actitudes apropiadas. Hoy día Lynne y yo podemos comenzar nuevos ministerios, dar nuevos mensajes, escribir nuevos libros . . . sin las demandas hechas por la movilidad descendente. En realidad, somos generosamente recompensados por nuestros esfuerzos. Pero es una recompensa que esconde toda una nueva serie de anzuelos. Con la atención y la afluencia viene la tentación de "pensar más altamente de nosotros de lo que debemos pensar". Mientras más tiempo pasamos con personas de influencia, más fácil se hace ser seducido hacia las trampas del poder. Estar con "los que tienen" puede hacer difícil recordar las necesidades de "los que no tienen".

Hubo un tiempo en que seriamente pensaba en quitarme a mí mismo del foco de atención, en tratar de retroceder al tiempo en que la movilidad descendente era menos una cuestión de decisión que una necesidad. Pero eso, creo, refleja una comprensión equivocada del descenso. Hace de las posiciones, los títulos y los sueldos antónimos del descenso. En realidad, el asunto no es tanto *cuánto* poder uno tiene, sino cómo uno *usa* el poder que tiene. No es el tamaño del cheque que uno lleva al banco, sino qué hace uno con el cheque después que lo deposita. El asunto es: ¿Cómo administra uno quién es y lo que se le ha dado, ya sea dinero, autoridad, talento o influencia? La respuesta a esa pregunta será determinada, aun a través de los conceptos indefinidos, por el propósito central de la vida. ¿El programa de quién desea uno avanzar? ¿El de uno o el de Dios?

El poder, el dinero y el talento. Si lo empleamos todo en nosotros mismos, podemos darle brillo a nuestra realidad externa. Pero es sólo cuando usamos nuestros recursos para el servicio de Dios que experimentamos un resplandor interior. Y hay un mundo de diferencia entre los dos brillos. Lo que es importante para cada uno de nosotros es mantener una actitud de disposición, entrega, obediencia y disponibilidad para el llamado de Dios.

Eso es, al mismo tiempo, tanto más difícil como más fácil de lo que parece. Por un lado, sin una definición en letras de molde, las cosas tienden a ser confusas. La senda descendente está llena de ambigüedades. Por otro lado, a menudo agrandamos la cuestión más de lo que necesita ser. He encontrado que la verdadera pelea por la movilidad descendente se libra en el campo de batalla de las "pequeñas" decisiones diarias. Esos pequeños tirones del Espíritu Santo son fáciles de pasar por alto o, si estamos fuera de la comunión con Dios, ni siquiera los notamos. Pero ellos son los peldaños que forman la senda descendente.

Por ejemplo, yo estaba en el aeropuerto no hace mucho. Estaba ocupado y tenía mucha prisa. Habían cancelado algunos vuelos y estaba en una larga fila de personas esperando un número limitado de asientos. Todo era un caos; ira y palabrotas explotaban como géyseres alrededor de la terminal. Recuerdo haber mirado a mi reloj, calculando los minutos que me quedaban antes de mi vuelo; y después, los vi: un hombre y una mujer de ochenta años tratando desesperadamente de quitarse del camino de todo el mundo. El hombre no podía ni siquiera levantar su maleta. Estaba tratando, con la ayuda de su esposa, de arrastrarla. Ambos estaban tropezando con gente que se movían frenéticamente en dirección opuesta. Parecían animales enceguecidos por faros, sus ojos llenos de temor. En ese momento, sentí el tirón del Espíritu Santo y la urgencia de ir y ayudarles. Miré a mi reloj nuevamente. Perdería mi avión.

La decisión que tenía que tomar no tenía nada que ver con poder o dinero o título o talento o influencia. Tenía que ver con estar disponible y dispuesto a responder al llamado de Dios. La demanda del Espíritu Santo era que ayudara a esa pareja anciana con su maleta y sus arreglos de vuelo y Aquel que hacía la demanda esperaba obediencia. Si me hubiera pedido que fletara un aeroplano para la pareja, hubiera esperado la misma obediencia. La movilidad descendente no es una cuestión de qué es lo que pide de mí el Espíritu Santo, sino si yo responderé o no a lo que pide.

Las decisiones que tomo en esta senda descendente son enteramente mías. Algunas veces desobedezco la dirección del Espíritu Santo, escojo mi propia voluntad y pago el precio del vacío y del desencanto. Algunas veces me arrojo de cabeza por otros y casi exploto de satisfacción y gozo.

Las mismas decisiones existen para usted, las decisiones que marcarán su viaje descendente. No puedo decirle cómo escoger más de lo que usted puede decirme a mí cómo escoger. Pero puedo decirle que hay alta aventura en la senda descendente. Y el destino es grandeza a los ojos de Dios.

Manual de estudio

Para la mayoría de nosotros, descender no es algo automático como, digamos, lo que sucede cuando uno salta de un avión. No podemos depender de la gravedad ni del impulso para hacer un descenso espiritual. Más bien, el descender exige decisiones conscientes y enérgicas; muchas de ellas, en realidad.

Este manual de estudio está concebido como un manual práctico. Sin el estímulo, las ideas y las experiencias de los demás, ninguno de nosotros puede esperar hacer ese difícil, a menudo angustioso y por último gozoso descenso hacia la grandeza de Dios.

Este libro, como la vida cristiana, ha de aplicarse en un contexto de relaciones. Puede emplearse el manual de estudio siempre que haya por lo menos dos o tres reunidos. Pueden usarlo individuos o parejas, pero creemos que los mejores resultados serán en el contexto de grupos pequeños.

Antes que comencemos, sólo algunos consejos sobre cómo usar este manual de estudio:

Prepárese. Las preguntas salen directamente de los capítulos de este libro. Si usted no se familiariza con el material, es probable que su estudio sea formal y artificial.

Sea sincero. No trate de pensar en decir lo que es "correcto". El desarrollo espiritual implica el ser veraces con nosotros mismos y con los demás. No trate de esconder la vergüenza, el orgullo o la confusión.

Sea crítico. Procure entender siempre. No acepte las cosas sencillamente porque el libro o alguna persona diga que son

ciertas. Si usted tiene dificultades para formular preguntas, hága-
las breves como: "¿Qué quiere decir con eso?", "¿Puede dar un
ejemplo?" o "Estoy confundido con esa declaración; ¿pudiera
ayudarme a entender?"

Siga la dirección del Espíritu Santo. Mantenga un equilibrio
entre la estructura y la espontaneidad. No piense que tiene que
responder a todas las preguntas ni que concluir cada tarea. Debido
a las dinámicas diferentes de las personas y los grupos, algunas
preguntas causarán vivo interés; otras provocarán bostezos.

Escoja a un líder (en el contexto de un grupo). Los buenos
debates rara vez "suceden por casualidad". Debe escogerse un
líder (preferiblemente uno con talentos de liderazgo y perspicacia)
que acepte la responsabilidad de dirigir los debates, de determinar
la pertinencia y de asegurarse de que todos participen.

Adquiera responsabilidad. Además de participar en los debates y actividades de grupo, tal vez el líder quiera considerar el
asignarle a cada persona un "compañero ante quien es responsable". Las relaciones entre dos personas, comprometidas a infor-
mar de su progreso, son a menudo la mejor manera de cerrar la
brecha entre el querer hacer algo y el hacerlo en realidad.

NOTA PARA LOS LÍDERES: Algunas de las preguntas en este
manual de estudio requieren preparación por adelantado y materiales para las reuniones del grupo. Asegúrese de leer todas las
preguntas antes que se reúna el grupo, haciendo anotaciones en
las partes en que necesite ir preparado.

Capítulo 1
EL DESCENSO

La senda hacia la grandeza

1. Como grupo, procuren pensar en las connotaciones positi-
vas de la palabra "descenso" y en los usos negativos de la palabra
"ascenso". ¿Qué sugieren sus reflexiones en cuanto a cómo nuestra cultura ha distorsionado esas palabras? ¿Cómo las ha distorsionado el corazón humano? ¿Es cierto, como sostienen los autores, que "de la misma manera que la aguja del compás señala hacia
el norte, la aguja humana señala hacia arriba"?

2. En la página 12, los autores escriben: "Dicho sencillamente,

el mensaje de Filipenses [2] es éste: Si uno quiere ser de veras grande, la dirección en que debe ir es hacia abajo. Uno tiene que descender hacia la grandeza. En el centro de esa paradoja hay otra paradoja: La grandeza no se mide según el grado de la autodeterminación, sino más bien según el grado de la entrega de uno mismo. Cuanto más uno pierde, tanto más gana." ¿Piensa usted que esa declaración va un poco lejos, que huele a penitencia y autoflagelación, todo en el nombre del cristianismo?

3. Los autores les piden a sus lectores que pierdan las ambiciones egoístas, la obsesión por el dominio, el apetito por las emociones e incluso la vida, si fuera necesario. ¿A qué se aferra más usted, dependiendo de eso para la supervivencia o la alegría diaria? Desde el punto de vista positivo, ¿cómo se libra uno de esas necesidades malsanas?

TAREA: Que el grupo considere la siguiente pregunta: ¿A quiénes considera nuestra cultura héroes o ejemplos? Cada persona debe escoger un nombre y, antes de la reunión siguiente, hacer alguna investigación sobre esa persona en particular. Prepárese para dar al principio de la próxima reunión un breve informe sobre lo que averiguó.

Capítulo 2
EL PODER

Comparación entre dos reyes

SEGUIMIENTO: Que el grupo considere los resultados de la investigación individual sobre los héroes y los ejemplos de la sociedad. ¿Cuáles son algunas conclusiones?

1. Lea Mateo 2. ¿Cuáles son sus reacciones y observaciones iniciales?

2. ¿Está la estrategia de poder y fuerza de Herodes destinada a la destrucción? ¿Qué hay en cuanto a los recientes ejemplos de gobiernos que dominan a los ciudadanos mediante la fuerza: China, Somalia, Bosnia, Cuba, etc.? Si el poder es eficaz, entonces ¿podemos en realidad culpar a Herodes? ¿No estaba sencillamente siendo pragmático?

3. Usted pudiera decir que Herodes fue sencillamente un ejemplo extremo de un lunático extremista. ¿Qué aspectos de la

conducta de Herodes son aplicables en el mundo actual? ¿En su propio vecindario, en su iglesia o en su negocio? ¿En su propio corazón?

4. ¿No es verdad que, cuando una persona opta por descender, las personas comenzarán a aprovecharse de su espíritu desinteresado? Reflexione sobre algunas maneras en que alguien se ha aprovechado de usted mientras usted trataba de hacer algo bueno. ¿Cómo puede usted (o debe incluso tratar de) evitar ser usado para los propósitos egoístas de otra persona mientras sigue sirviendo?

TAREA: Haga una lista de las cinco personas que usted admira y respeta más. ¿Qué características las distinguen en la mente de usted? Lea Filipenses 2. ¿Cuántas virtudes mostradas por Cristo están presentes en las personas de su lista? ¿Está la grandeza, incluso en la mente subconsciente del mundo, relacionada con la vida según el modelo de Cristo?

La historia de Lance Murdock

SEGUIMIENTO: Considere brevemente la lista que el grupo hizo de los "héroes" y la relación con las virtudes mostradas por Cristo en Filipenses 2.

1. Estudie la vida de Lance Murdock. Reacciones, observaciones, preocupaciones y comentarios generales.

2. Estudie la vida de personas que usted conozca y que tienen recursos de poder, dinero y posesiones. ¿Cómo usan esos recursos? ¿Cuál es la actitud de ellas en cuanto al futuro? ¿Parecen estar más sosegadas o más preocupadas en cuanto a la vida?

3. ¿Pueden ser ricos los cristianos? Cuando las personas están hambrientas alrededor del mundo y alrededor de la cuadra, ¿cómo es posible que los cristianos justifiquen un exceso de recursos?

5. Antes de la conversión de Murdock, éste se describía a sí mismo como un hombre orgulloso y engañado de sí mismo. Los autores escriben: "Lo único que le faltaba a Murdock era un sentido de humildad. El suyo era un engreimiento bajo control, que usaba una máscara de decencia y reputación, de la peor clase. 'Era un engreimiento planeado', dice Murdock." ¿Es posible ser bueno sin humildad?

Capítulo 3

LA DEDICACIÓN

La vida fuera del ambiente natural

1. Tome diez minutos para escribir una definición en dos oraciones de "nada" (sin usar diccionarios). Lea cada una de las definiciones individuales en grupo. ¿Cuáles son algunas conclusiones? ¿Cómo se siente usted en cuanto a esa definición en vista de que "Jesucristo se hizo nada"?

2. Lea Juan 6:29. Jesús respondió: "Esta es la obra de Dios, que creáis en el que él ha enviado." Respecto al concepto de la obra, ¿cómo se siente usted en cuanto a ese versículo? ¿Cómo está en pugna con lo que usted cree que sea la obra? ¿Cuáles son sus móviles fundamentales para la obra? ¿Estimula ese versículo esos móviles?

3. En la página 43, los autores afirman que la movilidad descendente no es algo que nos sucede por casualidad. "Como Jesús, todos los días debemos tomar decisiones activas y deliberadas para descender. Y, como Jesús, debemos usar la lógica de Dios. Debemos creer que, a pesar de todo el dolor que pueda sentirse, descender es el único camino hacia la grandeza." Divídanse en grupos de dos y consideren maneras prácticas en que ustedes pueden "hacerse nada".

4. ¿Evade usted el cambio para evitar la dificultad? ¿De qué manera? ¿Cómo desvía sus energías? ¿Cómo puede comenzar a dar pasos para atravesar la dificultad y empezar el desarrollo personal?

5. En la página 47, los autores escriben: "La verdad es que, si permitimos que el temor al dolor o al fracaso nos mantenga dentro de nuestro ambiente natural, viviremos constantemente en la tierra de lo familiar: la constante monotonía de los días y los meses y los años invariables." ¿Describe esa declaración, de alguna manera, la vida de usted?

TAREA: Muy a menudo no podemos seguir el ejemplo de Jesús porque no podemos imaginarlo en nuestro mundo contemporáneo. Escriba una composición de dos páginas sobre lo que usted pudiera imaginar lo que sería un suceso "promedio" en la vida de Jesús si Él viviera en nuestro mundo actual. Al hacerlo, trate de describir en detalles las características y los atributos humanos de Jesús.

África y el doctor Jim Judge

SEGUIMIENTO: Lea cada historia sobre un suceso típico en la vida de Jesús. Después que se lean todas las historias, que el grupo las analice. ¿Qué revelan las historias sobre Jesús, sobre cada uno de nosotros, sobre la dificultad de "seguir el ejemplo" de Jesús?

1. Reacciones generales ante la historia del doctor Jim Judge.

2. En la página 49, los autores escriben acerca de Judge: "A lo largo del camino ha aprendido mucho acerca de la obediencia, de la dedicación y de despojarse a sí mismo de sus 'necesidades' de estabilidad, seguridad y bienestar." ¿Por qué tenemos que despojarnos de la estabilidad, la seguridad y el bienestar? ¿No son necesidades legítimas? ¿No quiere Dios que tengamos eso? ¿Cuál es la línea divisoria entre estar "en dominio de la situación" y usar el sentido común? ¿No quiere Dios que nosotros hagamos planes?

3. En cierto sentido, ¿no hace la historia del doctor Judge que usted se sienta incluso menos capaz de servir a Dios? Después de todo, tal vez usted no sea brillante, capaz de sanar a los demás, con tanto dinero, recursos y talentos como un médico. ¿Cómo puede esperar hacer esa clase de impacto?

4. En la página 54, los autores escriben acerca de Judge: "Después de su conversión al cristianismo, cambiaron los planes de Jim Judge. Comenzó a incluir a Dios en ellos. Pero en algunos aspectos se sintió aún más presionado para proponer el plan *perfecto*. Ahora tenía la responsabilidad adicional de asegurarse de que estaba en la voluntad de Dios. El control era esencial." ¿Se siente usted así algunas veces? Ese cristianismo aumenta el sentido de responsabilidad de usted, y usted debe ser lo bastante fuerte e inteligente para llevar la carga.

5. A veces, incluso nuestros mejores esfuerzos parecen no dar resultado. Cuando servimos fervientemente a Dios, a menudo parece que las cosas están contra nosotros. El doctor Judge, por ejemplo, sin duda experimentó eso durante su primer trabajo misionero. Recuerde un momento específico de su propia vida en que su ministerio parecía fracasar. ¿Cuál fue su reacción? ¿Siente usted que ese suceso todavía tiene un efecto negativo sobre cualquier esfuerzo adicional por servir?

6. Es posible participar activamente en las actividades de la iglesia y desviarse de la fe verdadera. Eso les sucedió a los Judge. "Durante algunos años, los Judge estuvieron trabajando en ministerios importantes. Jim enseñaba en la iglesia, llegando muy pronto a ser uno de los líderes. Pero con el tiempo tanto Jim como Cindy encontraron que su cristianismo — una vez vital y lleno de pasión — se había disuelto hasta convertirse en un simple estilo de vida." ¿Ha sucedido eso alguna vez en su vida? ¿Por qué? ¿Como lo superó? ¿Lo ha superado? ¿Qué pasos puede usted dar para llevar el cristianismo de la religión a la fe?

Capítulo 4
EL SERVICIO

Un amor lleno de sorpresas

1. En las primeras dos páginas de este capítulo, los autores mencionan a dos personas con perspectivas y estilos de vida contrastantes. Mencione dos personas a quienes usted conozca y que parezcan actuar conforme a diferentes sistemas de valores.

2. En la página 68, los autores escriben: "La conducta de Pedro muestra la tenacidad de la actitud mental del *yo primero*. No es un simple virus relacional, un ligero desajuste psicológico o una consecuencia de poca monta de paternidad imperfecta. No se puede tomar una píldora para eso, ni resolverlo con consejería, ni escaparse a través del *biofeedback*. Jesús nos dijo que es una enfermedad que viene del infierno, profundamente arraigada en el corazón humano. Sin medidas radicales, sacará la satisfacción de nuestra vida y nos costará el alma por la eternidad." ¿Está de acuerdo? De ser así, ¿cuáles son esas "medidas radicales" necesarias?

3. La paradoja de servir a los demás, afirman los autores, es que al dar se experimenta satisfacción y alegría. ¿Cree que eso sea cierto? Mencione una ocasión específica de su vida en que haya experimentado tal paradoja.

4. En Juan 13:14-15, Jesús dice: "Pues si yo, el Señor y el Maestro, he lavado vuestros pies, vosotros también debéis lavaros los pies los unos a los otros. Porque ejemplo os he dado, para que como yo os he hecho, vosotros también hagáis." Hagan

parejas y, usando una palangana de agua y un paño, oren el uno por el otro y lávense los pies el uno al otro. Vuelvan a reunirse en grupo y, si se sienten guiados, hablen de sus sensaciones.

TAREA: Hable con la persona a quien usted conoce personalmente y a quien considera como la más representativa de lo que significa ser un siervo. Charle informalmente con ella sobre lo que significa para ella servir. Entre las preguntas pudieran estar: ¿Cuáles son sus móviles para servir?, ¿Cuáles son las recompensas que recibe? ¿Cuáles son sus motivos de frustración, lucha y pecado? Trate de formular las preguntas en sus propias palabras y de mantener la conversación informal. Después que termine la conversación, en la intimidad de su hogar, anote algunas de sus reflexiones y observaciones.

Angie Garber en una reserva de navajos

SEGUIMIENTO: ¿Qué aprendió usted en su conversación con un siervo?

1. Reacciones generales ante la historia de Angie Garber.

2. En la página 72, Angie dice: "No quiero simplemente tener cosas. Cuando uno ama las cosas, usa a las personas." En Mateo 6:24, Jesús dice: "Ninguno puede servir a dos señores; porque o aborrecerá al uno y amará al otro, o estimará al uno y menospreciará al otro. No podéis servir a Dios y a las riquezas." ¿Cree de veras usted que eso es cierto? ¿Por qué sí o por qué no?

3. Al servir a lo que su cultura considera un pueblo "marginal" en un desierto apartado, durante gran parte de su vida Angie se ha apartado de lo que motiva a muchos a trabajar. Ella no trabaja por necesidad de su amor propio ni por el aplauso de los demás, sino sencillamente por amor a Dios y a los demás. ¿Cómo piensa que usted funcionaría si no recibiera ningún elogio por lo que hizo? ¿Es malo todo deseo de reconocimiento?

4. En todos los años que ha pasado en la reserva de navajos, Angie no tiene idea de cuántos verdaderos convertidos ha habido. ¿Cómo se diferencia eso de los seminarios y libros sobre crecimiento de la iglesia? ¿Debe ser siempre el crecimiento resultado del servicio cristiano? ¿Cuál piensa usted que sea la razón principal del servicio?

5. Angie piensa muchísimo en el amor mediante relaciones a lo largo del trayecto. "He estado aquí tanto tiempo que puedo

hablarles a los niños acerca de sus abuelos." ¿Es posible esa clase de amor en la cultura desarraigada y cambiante en que vivimos? ¿Tiene usted, por ejemplo, a alguien fuera de la familia que conozca toda la historia de la vida de usted?

Capítulo 5

LA HUMILDAD

La ley del más fuerte

1. Escoja un "mundo" suyo: su hogar, su centro de trabajo, su escuela, etc. Describa la ley del más fuerte en ese mundo. ¿Cómo afecta esa ley la conducta? ¿Cómo altera eso la manera como usted actúa y reacciona?

2. Mencione por lo menos una vez en su vida cuando usted honró a los que están por encima de usted en la ley del más fuerte y pasó por alto a los que están por debajo de usted.

3. Jesús tuvo la extraordinaria capacidad de servir a los humildes en el extremo más bajo de la ley del más fuerte y de reprender a los orgullosos en el extremo más alto de la ley del más fuerte sin ponerse a la defensiva ni en un nivel en que otros pudieran usarlo. Al entregarse a sí mismo, siempre pareció permanecer sereno, en dominio de la situación. ¿Cómo logró eso? ¿Fue sencillamente porque Él era Dios?

4. Los autores mantienen que la ley del más fuerte se refiere más que todo a las circunstancias "externas". En la página 81, escribieron: "Al edificar una montaña de apariencias, [los fariseos] formaron una pared de separación. Usaban sus títulos y borlas como recordatorios visibles de que, en la disposición de las cosas, había una diferencia entre 'nosotros' y 'ellos'." Jesús, por otra parte, "no tenía necesidad de apariencias. En realidad, Él se había despojado voluntariamente de todas ellas . . . Por causa del amor, y para derribar las paredes de separación, Jesús se desvistió de las apariencias y vino a ser tan sin pretensiones como un bebé desnudo nacido en un establo". ¿Cuán a menudo es culpable usted, en la cuestión de las paredes, de ser como los fariseos más que como Jesús? ¿Por qué es eso?

TAREA: Lleve un diario durante la semana. Anote incidentes en que funciona la ley del más fuerte. Preste atención específica a cómo es usted una víctima de la ley del más fuerte o si usted maltrata a otro. ¿Cuánto de la ley del más fuerte es el resultado de la acción innata y casi reflexiva? ¿Qué puede hacer usted en cuanto a reducir el efecto de la ley del más fuerte?

Mike Singletary en medio del caos

SEGUIMIENTO: Reacciones y pensamientos después de una semana de llevar un diario respecto a la ley del más fuerte.

1. Impresiones generales sobre la historia de Mike Singletary.

2. El primer párrafo de la historia de Singletary dice así: "Poco después de ganar el campeonato de fútbol americano de 1986, Mike Singletary comenzó a sentir miedo de la oscuridad. No es un chiste; él dormía con una luz encendida." ¿Cuál fue su reacción ante ese párrafo? ¿Qué dice en cuanto a juzgar a las personas por las apariencias externas?

3. ¿Se ha dado cuenta de que los momentos de éxito en su vida a menudo llevan al orgullo y, como resultado, al fracaso espiritual? Como resultado, ¿tiende usted a ser suspicaz, cauteloso o incluso temeroso del éxito?

4. En la página 91, Singletary se refiere a su momento de renovación espiritual: Se dio cuenta de que "lo que importaba no era quién era yo, sino quién es Dios." ¿Cuál es su interpretación de esa declaración? ¿Es tan buena como cualquier definición de la "humildad"?

5. En la página 93, los autores escriben acerca de Singletary: "Liberado de la necesidad de alimentar un ego abrumador, fue liberado para obedecer y para servir a los demás." ¿Cómo invierte usted sus recursos, sus talentos y su tiempo? ¿Alimentando su ego, o alimentando el ego de los demás?

Capítulo 6
LA OBEDIENCIA

Vivir realmente es estar listo para morir

1. Lea la cita de Dallas Willard en la página 97.

2. En un grupo, examinen los artículos de un periódico. ¿Cuántos de los títulos, de una u otra manera, están relacionados con la violencia? ¿Qué dice eso acerca de nuestra sociedad, de nosotros, de usted?

3. En gran parte del cristianismo contemporáneo, hay un énfasis en la salvación por gracia. Sin embargo, los autores sugieren que "el camino hacia la libertad es la obediencia". ¿Hay contradicción entre los dos conceptos?

4. Lea el Sermón del monte (Mateo 5:1-11). ¿Cuán dominante es el concepto de obediencia en las palabras de Jesús?

5. ¿Ha llegado alguna vez a un momento de desesperación espiritual? ¿Cuándo no tiene sentido la fe? ¿Cómo pudo pasar ese momento? ¿Dónde y cómo recibió el poder para pasar ese momento? Cuéntele al grupo su paso de fe en obediencia. ¿Encontró usted poder a lo largo del camino?

Lorrie Shaver y el vuelo 191

1. Reacciones generales ante la historia de Lorrie Shaver.

2. Lorrie Shaver, en su decisión de llegar a ser misionera en Francia, estaba guiándose por un paso de fe mediante la obediencia. Sin embargo, murió. ¿Dónde estaba el poder a lo largo del camino? En un mundo de catástrofe tan arbitraria, ¿se puede confiar de veras en Dios?

3. Según quienes la conocían, no había nada especial en cuanto a Lorrie Shaver. "Era una muchacha común y corriente — dice su pastor, Paul Mutchler —. No llamaba la atención en absoluto. No tenía dones ni talentos especiales, salvo uno. Y ese era el amor. Ella amaba a personas específicamente, y eso la hacía muy especial." Si una muchacha como Lorrie puede conmover su mundo, entonces ¿por qué no puede cada uno de nosotros hacer lo mismo? ¿Hay de veras excusa alguna?

4. A Lorrie se le conoció por amar las cosas "pequeñas". En el primer aniversario de la muerte de un ser querido de un amigo, ella hacía una llamada telefónica. En el segundo aniversario, escribía una nota. ¿No desvanecen obras tan sencillas pero elocuentes nuestros conceptos de que todo nuestro servicio tiene que ser "espectacular"?

5. Dos de los mensajes principales en la historia de Lorrie son: la esperanza del cielo y el vivir para hoy. ¿Cómo podemos vivir en obediencia cada día y, al mismo tiempo, en la esperanza del futuro?

Capítulo 7
EL GOZO

¿Recompensa o regalo?

1. En la página 117, los autores escriben: "Hay aquí un sentido de trágica ironía. Los que siguen sus sueños buscan afanosamente la comodidad, el placer, el poder y la seguridad. Y la mayoría terminan sintiéndose inexplicablemente aislados, llenos de remordimiento y dolor, impotentes e inseguros." ¿Cree que eso *de veras* es cierto? ¿No siente a veces el deseo de juzgar la exactitud de esa declaración para su propia vida?

2. En la página 119, los autores escriben: "Si les servimos a los demás sólo para poder sentirnos contentos, ¿no es ésa simplemente otra forma de egoísmo ligeramente más sutil? ¿Y por cuánto tiempo continuaremos sirviendo si nos causa incomodidad, inconveniencia y dolor?" En nuestro servicio cristiano, ¿cuán a menudo se basa nuestro servicio en la idea de ser "recompensados justamente"? ¿Cuán a menudo creemos que se nos "debe" un sentido de gozo?

3. Haga un inventario de su actividad durante el último día basado en la siguiente afirmación de los autores: "El gozo del cual Jesús habló era diferente. Tenía muy poco que ver con la satisfacción de deseos e impulsos inmediatos, y sí todo que ver con agradar a Dios." ¿Estuvieron la mayoría de sus obras basadas en metas a corto o a largo plazo?

John y Gwenn Tindall: Gozo en el quebrantamiento

1. ¿Cómo ora usted? ¿Ora usted, al igual que Gwenn, como si fuera una conversación íntima con Dios, trasmitiéndole incluso los detalles insignificantes? ¿O es su tiempo más formal, más separado de las realidades diarias de la vida? ¿Cuál estilo piensa que es más consecuente con la exhortación de Pablo de "orar sin cesar"?

2. Gwenn Tindall, después de haber sufrido golpes en la vida, temía su "segunda oportunidad". "No es tanto que esté asustada por la posibilidad del fracaso. ¿Qué pudiera ser peor que haber vivido durante dieciséis años con un alcohólico abusador y suicida? Exactamente lo opuesto. Hay una posibilidad genuina para el

regocijo: el regalo de Dios de una segunda oportunidad en la vida. ¿Qué ha hecho ella para merecerlo? O, por lo menos, ¿cómo puede evitar la desconfianza?" ¿Teme usted, de alguna manera, el don del gozo de Dios? ¿Permite usted que en su vida haya risa, éxito y diversión?

3. La transformación no es sólo un don. Implica disciplina. Romanos 12:2 expresa: "No os conforméis a este siglo, sino transformaos por medio de la renovación de vuestro entendimiento, para que comprobéis cuál sea la buena voluntad de Dios, agradable y perfecta." A fin de que la palabra se vuelva realidad en su vida, tiene que conocerla primero. ¿Hay una tentación en su vida a desear las promesas bíblicas sin primero aprender y poner en práctica lo que la Biblia dice?

4. John y Gwenn señalan la naturaleza transformadora del cuerpo de Cristo, la iglesia, como la que desempeñó una función importante en el gozo de ellos. Cuente de alguna ocasión en que la iglesia haya hecho impacto en la vida de usted.

Capítulo 8
LA GRANDEZA

Una senda descendente

1. En la página 138, Hybels describe su decisión de dejar el próspero negocio de su padre y de trabajar en un departamento de embarque de una organización cristiana, llenando paquetes de celofán con pequeños premios de plástico. ¿Cuándo fue la última vez que usted tomó una decisión "ilógica" para hacer avanzar el reino de Dios?

2. Hybels describe su trabajo con el ministerio juvenil y la sorpresa y el regocijo de ver un derramamiento de la gracia de Dios. ¿Cuándo fue la última vez que usted sintió que Dios se movía en sus circunstancias cuando usted usaba su don espiritual?

3. Hybels describe el pecado de su trabajo excesivo, así como la alegría y la gracia que siguieron a su arrepentimiento. ¿Cuándo fue la última vez que usted sintió que Dios se movía en sus circunstancias a pesar de usted mismo?

4. En la página 143, Hybels escribe: "En esta etapa específica

de mi vida, mi descenso ha llegado a complicarse por las opciones. Pocas de las sendas que hay frente a mí ahora en realidad descienden espontáneamente. Responder al llamado del ministerio de Dios en mi vida ahora rara vez hace las mismas exigencias económicas y de estilo de vida que antes. Ahora tengo que tomar decisiones conscientes para descender." ¿Describe eso la situación de usted también? ¿Cómo puede usted tomar decisiones prácticas y diarias para descender?

5. En la página 144, Hybels, al resumir el libro, dice: "El asunto es: ¿Cómo administra uno quién es y lo que se le ha dado, ya sea dinero, autoridad, talento o influencia? La respuesta a esa pregunta será determinada, aun a través de los conceptos indefinidos, por el propósito central de la vida de uno. ¿El programa de quién desea uno avanzar? ¿El de uno o el de Dios?"